年年岁岁花相似，岁岁年年景不同。父子情深深几许？华章读后韵无穷。

——疏利民

两地书 父子情

沈喜阳　沈晏齐／著

图书在版编目(CIP)数据

两地书　父子情/沈喜阳,沈晏齐著.—合肥:合肥工业大学出版社,
2020.6

ISBN 978 - 7 - 5650 - 4911 - 8

Ⅰ.①两…　Ⅱ.①沈…②沈…　Ⅲ.①家庭教育　Ⅳ.①G78

中国版本图书馆 CIP 数据核字(2020)第 097922 号

两地书　父子情
LIANGDISHU FUZIQING

沈喜阳　沈晏齐　著　　　　　责任编辑　疏利民

出　版	合肥工业大学出版社	版　次	2020 年 6 月第 1 版
地　址	合肥市屯溪路 193 号	印　次	2020 年 6 月第 1 次印刷
邮　编	230009	开　本	710 毫米×1010 毫米　1/16
电　话	总　编　室:0551 - 62903038	印　张	21
	市场营销部:0551 - 62903198	字　数	223 千字
网　址	www.hfutpress.com.cn	印　刷	安徽联众印刷有限公司
E-mail	hfutpress@163.com	发　行	全国新华书店

ISBN 978 - 7 - 5650 - 4911 - 8　　　　　　　定价:48.00 元

序
在生命的同一维度对视 | 章玉政

　　沈喜阳、沈晏齐父子合作完成的《两地书　父子情》，摆在案头已经有一段时间了。初读时的惊喜，已经渐渐被翻涌的沉思所替代，总想写点什么，但又总是搁下了笔——千言万语，满心思绪，一时竟不知从何说起。

　　此刻，坐在电脑前，打开桌上的蓝牙音箱，里面传来李宗盛的那首《新写的旧歌》："比起母亲的总是忧心忡忡/是啊/他更像是个若无其事的旁观者/刻意拘谨的旁观者……"

　　娓娓道来，却又沉郁感伤。诚如李宗盛歌中所唱，与其说这是一首"反省父子关系"的歌，不如说这是"在回答自己敷衍了半生的命题"。在父亲逝去多年之后，徒劳人世纠葛，兑成风霜皱褶，回望过去，内心总有一种彼此曾经难以靠近的痛，"我相信不只有我在回忆时觉得吃力，两个男人，极有可能终其一生只是长得像而已，有幸运的成为知己，有不幸的只能是甲乙"。而天下更多的父子，终其一生，恐怕只能是"甲乙"吧！

有人说，在所有的亲子关系里，父子是最难相处的——天然的血脉传承与实然的人性张力，构成一种无法简单用伦理与秩序去考量的生命悖论。古今中外，在几乎所有的人文叙事之中，父与子总是处于不同的文化维度甚至针锋相对的文化冲突之中。就中国而言，几千年的传统宗族社会，基本的伦理范式遵循的一直是儒家传统，"孝"是其中不可或缺的命题，最简单粗暴的表达就是通过"三纲五常"所维系的政治体系、代际关系。在这种暗含等级差序的价值格局之下，父亲作为一种威权符号，承载着"养不教，父之过"的角色使命，高高在上，常常令子女望而生畏。即便是在主张个人本位的西方价值体系里，父与子关系没有中国社会伦理框架下的种种束缚，但似乎疏离感、紧张感、冲突感也在所难免，希腊神话里的"俄狄浦斯冲突"就是一个典型的父子冲突关系的隐喻。在心理学大师弗洛伊德眼里，"父与子"更几乎成为"驯服与反抗"的另一种指称。

这种充满对立感、紧张感的关系格局，显然很难让父子拥有一个相对和谐自然的相处模式。这一点，与母子关系有很大的不同。虽然母亲亦是作为代际传承中的上一级链条而存在的，但很容易就与子女达成天然的情感维系。可在父与子的关系格局中，无论是在中国还是在西方，失衡往往多于平衡，冲突往往胜过和谐，而且，父亲似乎多是处于相对强势的地位，在家庭事务乃至社会事务中拥有绝对的话语权、决策权，不容置疑，不由分说，这可能也是造成成长中的子女生成潜在反抗情绪或意识的根源。

从这个角度看，沈晏齐是幸运的。摆在面前的这本《两地书父子情》，是他的父亲沈喜阳尝试建构新型父子关系的一种努力。尽管"家书""两地书"这种体裁，古今中外并不鲜见，远如诸葛亮《诫子书》，近如《曾国藩家书》，但基本上还是以尊者高高在上、诲汝谆谆的训诫教育为主，而很少能够做到在生命的同一维度对视，更遑论各自成为主体进入同一对话空间了。在这一点上，梁任公已经做得足够好了，但遗憾的是，翻开感情真挚、语气平和的《梁启超家书》，能够看到的依然只有一位"父亲"在那里家长里短、语重心长，而对话的另一端则呈现出"主体缺席"的状态。

平等对话的前提是两个话语主体的完全在场，尤其是处于话语权力相对弱势的那一端。这种双主体的"在场"其实也可以看成是一种隐喻。就拿家庭教育来说，至少应该是有两个主体——教育者和被教育者，但很多家长往往以爱的名义，按照自己的理念甚至自己的愿望，去粗暴地干预、塑造乃至决定孩子成长的方向。在这个失衡的教育场里，作为主体之一的孩子经常是完全缺席或可有可无的，其最终的结果，或是成为父母的影子，或是成为父母的对立面。

按照现代教育理念的主张，最好的教育，是让孩子成为他自己。换句话说，家庭教育的两个主体都应呈现"在场"的状态。令人欣喜的是，翻读《两地书 父子情》，这种场景几乎无处不在。写信交流虽然是父亲沈喜阳的一番"良苦用心"，但他并没有借此作为自我呓语的想象空间，而是以平视的眼光去看待对面的那个"人"——作为独立主体的儿子沈晏齐。在书中父子来往的每一封信件里，我们几乎都能感知到这种彼此的尊重、彼此的理解乃至彼此的接纳。有时候，双方的观点并不一致，甚至也有冲突，比如在对待考研的方向、同学相处的方式等问题上，但最终彼此要求的不是对方的"勉为其难"，而是通过开诚布公、坦白无遗的交流、沟通去平衡彼此之间"观念的水位"。

读完此书，或许有些人会说：沈晏齐是幸运的，有这样一位学识渊博、舐犊情深的父亲，与之平等以待、无障碍交流。其实反过来，我觉得作为父亲的沈喜阳也是幸运的。他的幸运，不在于有机会可以在孩子成长的关键时期予以温情陪伴、予以释疑解惑，也不在于有能力处理好父与子这一天然紧张的亲子关系，而在于在他毫无保留地释放出爱、释放出人生经验的历程中，有人倾听，有人欣赏，有人懂得。张爱玲曾经说过："因为懂得，所以慈悲。"这是一句恋爱中男女的情话，但是若搬到亲子关系中，似乎照样适用。懂得，其实是比陪伴更好的礼物。正如李宗盛所言，很多父子，终其一生，都未曾彼此懂得。朱自清的名篇《背影》所写的父子之情令人何其动容，但细读之下，隐含其间的那种代际之间的隔膜疏离却又彼此牵挂的情愫，又是令人何其感叹！

人生就是一场远行，有人陪伴，有人懂得，总胜过孤身天涯。对于大多数人来说，将亲子关系摆在一切社会关系的首位，并不为过，可即便如此，学会以平视的目光、平等的姿态去对待父母、子女，又似乎是一件并不轻松的事情。我想，在此过程中，如果每一个父母、每一个孩子都能够实现自我主体的在场，学会与同行人站在同一维度之上，温情对视，平等对话，不骄不躁，互为"导师"，那么，像《两地书　父子情》中所展现的温馨场景，或许会成为代际关系处理的一种常态。

"无情未必真豪杰，怜子如何不丈夫。"同样是作为一位父亲，在两个女儿成长的过程中，我也经历过很多的困惑，做出过很多的尝试，包括在女儿成长的关键阶段给她写信，与她谈心。但与沈喜阳兄的"用心""至情"和"执着"相比，总感觉需要学习的地方还很多。这也是我最初接受合肥工业大学出版社资深编辑疏利民兄的邀约，乐意为此书写序的一点私心。

只是没想到，由于各种琐事的牵绊，这篇小文拖到了今天。眼看着书稿三校完毕，即将付梓，编辑疏利民兄几度来电催促：再不动笔，就要耽误新书上市了！

今天，终于坐在了电脑前。时值春分，又逢国内新冠肺炎疫情渐行渐远，窗外阳光正好，枝头遍是春天的味道……

2020 年 3 月 20 日春分写于淝上躬耕斋

作者简介

章玉政，枞阳人，高级记者，青年学者。现任新安晚报社编委、策划运营中心主任。安徽大学徽学与中国传统文化研究院博士生。安徽大学兼职硕士生导师，皖江文化研究会合肥分会会长，安徽省黄山文化书院秘书长，安徽省作家协会报告文学专业委员会委员。全省宣传文化系统"六个一批"青年拔尖人才。著有《狂人刘文典》《中国公学往事》《不一样的新闻课》等著作十余部。

目　　录

第一辑 } *2016*

我希望你超越平庸追求卓越，

不仅是求得外在的荣光，

更需要求得内在的完满，

为自我养成，对生命负责。

001

晏齐：

听你妈妈说，你到西安外国语大学后，发现陕西当地成绩一般的考生也被西安外国语大学录取，所以有一种淡淡的失落。我觉得有失落感非常正常，而且证明你内心深处渴望跟成绩好的人在一起学习，这未尝不是好事。

我先来解释一下为何陕西当地成绩一般的考生能被西安外国语大学录取。任何一所高校，对于所在地的考生都会在录取比例上有所倾斜。不要说北京人考北京大学比外省人考北大容易得多，就是安徽人考中国科技大学也比外省人考中科大容易些。同样道理，安徽人考安徽大学会比外省人考安大容易些，就是因为在招生比例上，本省考生的录取率会相对大于外省考生。理解了这个招生政策，你就会知道，陕西人考取西安外国语大学会比外省人考取西安外国语大学容易一些，那么成绩一般的陕西考生也能进入西安外国语大学读书就不奇怪了。

一般来说，本省考生总是不大看得上本省的大学，总希望到外省去读书。比方说，考得好一点的考生，像你这种成绩的，明明能上却不肯上安大读书；考得稍微比你差一点的安徽考生，他们想进入外省好一点的高校又进入不了，就只能进入安大读书。这些进入安大的安徽考生，在进入安大的外省考生眼里，就显得成绩平平了。那么这些外省进入安大读书的学生，是不是也会产生某种失落感呢？我想肯定会有的。所以说，你产生一种失落情绪，非常正常。

　　现在我要说事情的另一方面。这些能进入西安外国语大学学习的陕西考生，可能会是各种各样的原因造成的。有人成绩可能很好，只是高考发挥失常；有人可能智商很高，只是高中没有发力；有人可能不适应高中教育，到了大学会有很大改观。他们都是你潜在的学习竞争者，切不可因为一次高考成绩而小视他们。你有信心一直做领头羊吗？如果他们确是学习平平者，而你在大学四年一直保持学习上的领头羊地位，那我会恭喜你，你进入西安外国语大学是我们共同做出的一个明智的选择，你就会独占鳌头，获得西安外国语大学提供的许多与国外学习交流的机遇，有更多的选择自由，或者出国留学，或者保送研究生到其他国内名校，或者留校读研究生，那岂不是更好？然而事实可能不是如此，也绝不会如此。我曾跟你说，当你在一个地区取得第一时，你才会有更大的自由。自由就是在你想做什么时，有更多的选择权。我希望你能拥有这种有选择的自由。我们在填报志愿时已经体会了某种不自由，你懂的。

　　暂时说这么多！

　　　　　　　　　　　　　　　　　　　　父亲

　　　　　　　　　　　　　　2016 年 9 月 1 日于庐州太阳海岸

002

晏齐：

　　祝贺你竞选班委，并入职宣传委员。我昨天 QQ 上说："这个职位会促进你发挥并发展你的写作能力。"我之前猜测你也应该是被任命为这个职位。

　　你之前写过几篇有意思的文章，而且我对你的文学鉴赏品位比较看好。我老在想，你在大学期间，要尽可能发挥并发展你文学方面的才能。请注意我的措辞：发挥并发展。"发挥"是发挥你已有的长处，"发展"是增强你未有的才能。发挥你的文学特长，是我对你之前文学才能的肯定；发展你的文学能力，是我对你未来文学能力的期望。

　　所以当我在你学校时，曾希望你加入校报，做一名校报记者或编辑，就是希望借助校报这个平台，锻炼你的写作能力。你在获得班级宣委职位后，仍需要争取加入校报采编部门，不仅是锻炼自己的写作能力，也是锻炼自己其他待人接物（比如做采访，你就得与人打交道，你就得考虑采访哪些内容）的能力。我并不是说你将来就从事新闻记者或文学写作。我只是希望你通过参加这些活动，锻炼自己多方面的能力，让自己多一重选择，多一份自由。

我还想就你的自信心多说几句。我一直觉得你似乎不够自信。在你初中毕业时，我就对你说过，在前行的路上，你的强有力的竞争者会有多次分流。只要你一直往前走，最终你会成为走得最远的人之一。在你的中小学学习中，你很少处于班级第一的领先地位，所以这可能在无形中影响了你，觉得自己不是最优秀的，但成绩也基本保持在上中等的第二梯队。我现在要告诉你，经过高考分流，你可以在小环境内——也就是说，在你的大学里——你要有信心做第一。不要老是以为别人才是第一，你已经完全具备做第一的条件，只要你付出高中时一半的努力。

我在你中小学阶段没有要求你争做第一，但是在你的大学阶段，我会提出这个要求，你就要做第一。因为你具备了做第一的条件：最强有力的竞争对手已经分流，你的实力已经处在第一的边缘。其实，我倒不是非要你做第一不可，我是觉得这正是一个提升你自信心的契机。做过第一的人和没有做过第一的人，其内心感受会不一样。我是希望通过你做第一，来提振你的自信心，从而发挥并发展你自己。你昨天说在课堂上，你的英文自我介绍赢得老师和同学赞赏，这对你的自信心就是一个提振。我相信你会不断提振自己的信心。

其实，四年的时光会彻底改变一个人的心智结构。四年之后，倘若你在思想上、心理上不再需要我的指导，这不但是你的成功，也是我的骄傲。

让我们为了这个成功和骄傲努力！

父亲

2016 年 9 月 7 日于庐州太阳海岸

003

晏齐：

我上一封电邮写于 9 月 7 日，这中间因为工作忙，写这封电邮，已是 10 月 7 日。这个假期你回合肥，我也和你认真谈过一次，为什么还要给你写电邮呢？我觉得有些想法我可能没有跟你说清楚，还是书面来说，我"说"得仔细些，你也可以多思考些。

也许你觉得我对你要求过高，的确，我是对你有很高的期望的。你可能不够自信，但是我知道你有潜力，只是目前还没有挖掘出来。如果我仅仅希望你将来挣一碗饭吃，也许不需要这么花费心思与你交流，指导你的人生。我觉得人活着不仅是挣一碗饭吃，更要发挥自己的潜能，作用于这个社会和他人。而你的身上具备较好的潜能，你不仅应该谋生，还应该治学，在学问上有所创获。

你从小展现出的对文学的感悟力和优异的文学写作能力就令我惊喜，你以前所写的童话《克皮闯天下》和散文《心灵的牧场》都是很多同龄孩子写不出来的，你对一些文学作品的感悟和理解也大大超过同龄人。而高中三年的题海混战其实磨钝了你的文学鉴赏力和创造力。但是我希望你在大学阶段，通过大量阅读经典文学作品并不断尝试文学习作，来找回并磨锐你的文学鉴赏力和创造力。所以我提出，在优质完成学校所开科目的前提下，于大一、大二时，确保每周课外阅读两本书（以中文、汉译为主），两年最少读完两百本；于大三、大四时，确保每周阅读一本书（以英文为主），两年最少读完一百本。等你读完三百本中英文经典著作，我相信你的精神面貌会大为改观，就是你的身体面貌也会有微妙的变化。这就是苏轼所说的"腹有诗书气自华"。在阅读的基础上继续练笔并发表文章，你对自己的能力就会进一步认可，并找到自己奋斗的方向。有了自信和奋斗，一切困难都会迎刃而解，一切成就都会任凭你摘取。

我上一封电邮中说"四年的时光会彻底改变一个人的心智结构"，阅读经典不断写作的四年所带来的改变就是心智结构的提升和完善，而浑浑噩噩长期懒散的四年所带来的改变则是心智结构的荒芜和低下。高中阶段结束，代表着身体结构的发育完成，而大学阶段，则是心智从未成熟走向成熟的关键四年。在合适的时段做合适的事，有些书你在大学阶段阅读，与在其他阶段阅读，对心智的成长所起的作用是完全不一样的。

人生一定要有规划。古人说："凡事预则立，不预则废。"我想说，预（规划）则有可能立（成功），不预则绝对废（不可能成功）。正因为我对你有了解有期望，我才对你提出高要求严要求，我才对你的人生提出规划。我期望你大学四年打下坚实的人文基础，将来出国留学深造，才可以进一步学有所成。我要求你初步列一个读书计划，每周给我一个回复，谈谈你所读的书及感受。

通常来说人是环境的产物。我要说，庸人才是环境的产物，卓越之人必将超越环境，并且把环境转化为自己的产物。亦即，优异者必将利用环境来为自己服务。周围的人不学习，你也不学习，那你如何超越环境超越平庸呢？周围的人不学习，而你努力读书提升自己，你就超出周围人一大截，你不就利用平庸的环境凸显出自己的卓越了吗？玩手机，与同学交往，参加娱乐活动，这些都会占用时间，我不会要求你杜绝这些活动，这既不人道也不现实。然而这个正是平庸的环境，正是消磨人的斗志的日常琐屑。人如何学会拒绝诱惑，这是一件很困难的事。舍不一定有得，但是不舍绝不可能有得。

如何在战胜诱惑（舍弃社交玩乐）与坚持学习（得到自我提升）两者之间找到平衡，这是需要一辈子修炼的事。我一下子也提不出好的方案。因为我也不断在抗拒诱惑和坚持自我提升方面作斗争，我也在修炼自己。不过我可以举一个例子，我在乡下当教师时，周围的人业余时间都打牌喝酒，如果我一直与他们一样喝酒打牌，那我现在不还在乡下打牌喝酒吗？我如果不舍弃喝酒打牌的娱乐，我又如何考得上研究生呢？何况我并未读高中，我只是一个中师生，我连大专生都不是，更别说是本科生了。我考研比大学生考研要难很多。我举这个例子，只是想说明，在娱乐和学习之间，人是必须有所取舍的。

再回到上一个话题，我当年其实是利用了我所处的那个平庸的环境了。你知道，我并不是特别勤奋的那种人。如果我周围的人都不甘平庸，都利用业余时间勤奋自学，而不是利用业余时间打牌喝酒，他们就会成为我强有力的竞争对手，我还能否顺利考上研究生呢？这么看来，其实我是利用了我那个平庸的环境，把自己造就成那个庸人范围内的卓越之人了。你看，平庸的环境会使平庸的人更平庸，但有助于有志者超越平庸，追求卓越。

另外，一般人只会认为我考上研究生，到了省城工作，取得了外在的成功。而我觉得我通过考研读书，最重要的不是改变了工作环境，离开农村到了城市，挣了更多的工资；而是开阔了我的眼界，提升了我的品位，完满了我的生命。所以我希望你超越平庸追求卓越，不仅是求得外在的荣光，更需要求得内在的完满，为自我养成，对生命负责。

对生命负责。对生命负责。对生命负责。重要的事情说三遍。

父亲

2016 年 10 月 7 日于庐州太阳海岸

004

爸:

　　我觉得我目前面临的最大问题,是我对周围的一切提不起兴趣。这可能与多种原因有关。譬如初来时丢掉手机使我对这个城市印象十分糟糕,以至于在开学阶段郁郁寡欢,错过了很多社团报名的机会。新班级同学的英语水平也给我糟糕的感觉,尤其是在自我介绍时,很多人提到根本不喜欢英语,只是随便填报就被录取进来,这些话让我觉得很刺耳。开学已经将近两个月了,班级里还有一半的人我叫不出名字来,甚至觉得面生。这不是我记性不好,而是我没有想去认识他们的欲望。我总觉得那些人认识不认识都无所谓,这在以前不可能发生。

　　在学习方面,我自然是想学好的,我很清楚混时间会有什么后果。我也在尝试努力让自己忙起来,尽量去找点事情做。现在我的状态已经调整很多了,但是这种提不起兴趣的状态仍然存在。我现在每周大概能去图书馆三次(事实上,我们宿舍到现在只有我一个人去过图书馆),图书馆是个能让人安心的地方,只有在那里才给我一种大学的感觉。图书馆里基本都是学习的人,真正借书在看的人倒比较少。至于每周的读书计划我不一定能按时发给你，可能有的时候事情堆到一起时间就来不及用。社交占用时间的问题我觉得你不用担心，因为我已经决定不再在这个学校里交更多的朋友。以前我总想着把身边的人都变成我的朋友，然后大家一起快活地玩；现在我发现这只是无用功，或者说是空想。可能这种思想有点消极，但是我也看了很多空间里学长学姐转的大学法则：圈子小一点，不相容的不要硬挤。也许这就是成年人，或是说社会的法则吧。

　　我在这里一切都好，吃饭我也尽量清淡一点，饮料只喝豆浆、桂花西米露之类的饮品。没事的话我会早点睡，和室友也处得很好，你也知道这是我的特长，但我现在不想滥用这个特长了。祝你和妈妈身体健康，和睦相处。

沈晏齐

2016 年 10 月 14 日于宿舍

005

晏齐：

看到你回复的邮件，我很高兴，我觉得你在长大，心智上在走向成熟，这正是长大的标志。你能认识到自己的问题，这就为你解决问题找到了方向。我想以我的亲身经历给你分析一下。

一是关于手机被盗。我觉得这很正常。我到上海读研的第二年，我的手机也被盗了，也是在上公交车时。这虽然严重伤害了我的自尊，因为我一直以来认为自己很谨慎，我的手机被盗使我的自我财产保护的能力受到损害；但这并不能使我认为上海很糟糕或者对上海很反感。因为你知道全国各地都有小偷，当然西安小偷水平高是有损于西安城市的形象，但我们不能因为这一点而对整个城市有反感。这在哲学上犯了以偏概全的错误。为这点小事郁郁寡欢太不值得了。当然也怪我们，当时没有对你好言劝解。我们只想着丢失手机好懊恼，没想到这个事会影响你的情绪。现在已然过去，就无所谓了。而我觉得西安是个非常有历史和文化底蕴的城市，我还会去西安旅游观光的。这个城市值得看的地方太多太多。

二是关于学校和同学水平。我到上海华东师大读研，经过一段时间的比较，我发现华东师范大学与复旦大学有差距，所以对华师大也有不满，觉得自己为啥没考进复旦大学。后来我想，这就像一个出身农村的人埋怨自己没有生在城里一样，或者一个生在文盲家庭的人埋怨自己没有生在学者家庭一样，一味地怪罪外界环境是没出息的表现。按照哲学的说法，是过于强调外在环境而忽视了主观能动性。我当时就反问自己，复旦总体比华师大强，但是到每一个个体身上，每一个复旦的学生都比华师大的学生强吗？我在华师大做一个学生，我要超过那些复旦学生的平均水平。我后来跟复旦学生也有交往，我觉得我的能力并不差于他们。再看你的情况。我想你初步接触的部分同学水平的确与你有差距，但你要知道西安外国语大学也是藏龙卧虎之地，肯定有许多高人你还没有机会接触到。其实这个也不必着急，你先练好内功，将来有的是机会见识高人。你的基本素质越高，你的学问素养越深，你越有机会见识高人并与之交朋友。

　　现在再回到你所说的提不起兴趣。这一点我想还得慢慢培养。据我了解，你是习惯于与几个好友一起学习就会兴趣更大的人。但是进入大学学习，情形会有变化。学习是一种不断分流的情形，也就是兴趣和爱好不断分化的过程。小学阶段，同学们的兴趣和爱好基本上是一模一样的；初中阶段，会有一些同学显示出自己的个别的倾向和爱好，但是百分之八十的人的兴趣和爱好还是会相同；高中阶段，有文理科的区分，虽然说不是每一个学文科的人都爱好文科，但是基本上有这个爱好倾向，所以可以说一半的人兴趣爱好已分化了。大学阶段，即使同样是文科生，又会细分，再次分化，所以找到志同道合的人难度会更大。懂得了这一点，你就会知道，为啥小学和中学阶段易于找到朋友，而大学阶段的朋友会稍微难一些。等你进入硕士博士阶段，找到一个心志相合的朋友就会更难。另一点是，你对朋友的要求会更高，这自然增加了找到朋友的难度。我指出这个事实，就是提醒你，在大学阶段，找到志趣相投的朋友一道学习固然很好，可以增加你的学习动力和兴趣；但是一时找不到，也不必在意，反而需要自己独立前行。我记得刘瑜有篇文章就叫《一个人要像一支队伍》，独立前行是必须慢慢培养的，将来进入硕士博士阶段，就更需要独立前行了。其实这种独立前行也是相对的，孔子早说过"德不孤，必有邻"，只要你有了一定的根基和学识，你自然会找到同路人，你必然会有一支队伍，如果能做队伍的领路人，哪怕是一支小队伍，那也是非常了不起的成就。你说得对，无须硬往别人圈子里面挤，即使挤进去也没意思。而且这世上的你身边的人，不可能都成为你的好朋友。古人早说过："相识满天下，知心能几人？"社会即是如此。我身边的同事四五十个，真正的好朋友又有几个呢？但是也许远方有我的好朋友，所谓"海内存知己，天涯若比邻"，不就是这个意思吗？

　　我上次在电邮中，提到让你先多读书，不要急于交现实中的朋友；其实读书不也是交友吗？读书是跟最有见识最有学问的人交朋友，而且这个"朋友"是把他最美好的一面展示给你。表面看起来，读书所交结的"朋友"没有反馈，只是"他"和你说话，你却不能与"他"说话，且不能把你的想法告诉"他"。其实不然。你可以写下你的读书心得，如果你确实有心得，你的这些心得就可以发表出来，引起其他读过你读的书的人的共鸣，你就等于有了回应。你现在已经在读书，你今天在微信中说你借了蔡仁厚的《王阳明哲学》和杜拉斯的《平静的生活》来看，我很为你高兴。我非常佩服王阳明其人，你看完《王阳明哲学》，还可以找一本《王阳明传》来看看。我觉得他不仅是读书人、思想家，而且能带兵打仗，且取得赫赫战功。因为你也知道，中国古代多少读书人能文不能武，能相不能帅，王阳明是少数几个"出将入相"——离开朝廷在外能当将帅，进入朝廷在内能当宰相——的人。蔡仁厚先生是著名儒家哲学家，此书极有见地。你也可以读完此书，再找蔡先生其他的书来读。这就是读书顺藤摸瓜的意思。杜拉斯更有名的小说是《情人》，我读过，你所说的《平静的生活》我没有读过；但是不要紧，你读这本，喜欢就再读《情人》，我们可以相互补充。我提醒一下，读外国文学作品，一定要注意译者。现在译者水平参差不齐，不好的译者翻译的作品会给你坏的印象，甚至使你厌恶原作者及其作品。我教你一个小窍门，因为译者太多，你一时难以记住，但是你记住几个有名的出版外国译作的出版社，比如人民文学出版社、上海译文出版社、译林出版社、漓江出版社、商务印书馆、三联书店（前面几家出版社大多翻译出版文学类作品，后面两家出版社大多翻译出版理论著作），这些出版社所翻译出版的外国著作一般来说是可靠的。

我上面说到学校教育中的学生会有不断的分流。其实我觉得大学阶段就应该为不同兴趣爱好的人提供更多的可能性，让他们各自发展自己，这才是最好的大学教育。我这么说，你既不必妄自菲薄，也不要指责妄议他人。有些人可能兴趣并不在此，但是他有了大学这个平台，他也能闯出一条自己的路。我们可以不走他们的路，但是我们也不必轻视他们所走的路。每个人有自己的一份使命，何必人人都走同一条路，都像一个模子刻出来的呢？那样一来，生活和社会也未免太单调了。我相信你的同学中将来必有人能成为各行各业的精英人物，他对英语暂时不感兴趣，甚至永远不感兴趣，并不对你造成危害，你又何必觉得刺耳呢？不过我也能理解你的刺耳感。因为我也从年轻时代过来，自己看重的我也希望别人看重，然而世界是复杂的，你会慢慢认识这个复杂的过程。

你能学会照顾好自己，注意饮食清淡，多喝白开水，这很好。能对自己看不惯的一切和平相处，这也是能力，且是很难得的能力。你在成长，我很高兴，你还祝愿我和你妈妈和睦相处，我尤其高兴。这句话说得很巧妙。不过你放心，我和你妈也没啥根本性分歧，就是生活琐事上有不同的习惯，而且最终都是我迁就她。记得有空给我回复，在微信上毕竟只能通报个大略，不能详细展开讨论。

父亲
2016 年 10 月 18 日于庐州天鹅湖畔

006

爸：

　　我现在已经基本适应了这边的生活，虽然还是不太愿意主动去交流，但是生活过得很稳定。

　　最近一项比较大的活动是参加了基地举办的英语仿说大赛，这项比赛要求选手事先准备一个 3 分钟的英语视频，可以是电影片段，也可以是英语演讲，先现场播放一遍后再播放消音视频，选手跟着消音视频进行仿说。我进入了复赛但是没进入决赛，虽说有一点小遗憾，但是比赛很有趣，选手选择的视频多种多样，有人甚至现场演唱英文歌曲，还有一人饰演多个角色，嗓音简直可以说达到了专业声优的水平，哈哈。总之，我玩得很开心，算是充分享受了这次比赛。因为这件事我最近一直比较忙，所以也没有给你们打电话或回复电邮。

　　下周我们要举行期中考试，同时我还报名参加了商学院主持的一个定向越野活动，这两天我要复习。而且下周思辨课 PPT 展示轮到我们小组，我还是小组长，事情比较多。周作人的散文集我还在看，我觉得他讲话方式和说的道理都很透彻简明，甚至比他哥哥的

说话听起来还舒服。他对于一些问题的看法，我觉得在今天看来仍
有道理。

　　时间比较紧张，我就只说这么多了。我在这边过得很平淡，但
也有味道，祝愿你们一切安好。

沈晏齐

2016 年 11 月 12 日

007

爸：

期中考试已经结束，这次考试我们主要考了综合英语和英语思辨两门课程。综合英语算是我们的主课，是平时要求最严格、课时最多和讲课最细的一门课程，因此它的成绩也非常有分量和说服力。综合英语我得了 73 分，在班级居于中上水平，最高分是 89 分。其中 80 分以上有六七个人，不及格也有六七个人。关于考试还有一点就是我看错了一道题目的要求，导致该道题目 10 分全失，而这道题基本属于写了就有分的类型。它要求英英互译，我以为要求写中文翻译，不看题目要求直接写了上去。因为是大学试卷，试卷上是全英文的，我没有细读题目就做题，实在很不应该。所以综合来看我的成绩在班里还是不错的，但距离最优秀的同学仍有差距，我也知道隔壁班有 90 来分的人，这也进一步说明了差距所在。另外我比较满意的就是老师特意圈出了前面客观题 50 分得了 40 分以上的同学，我们班共有 5 人，我也名列其中，这至少说明我的基本功还不错。

至于英语思辨课程，是以阅读理解课本提供的长篇文章为主要课堂内容，因此对于英语基本功要求较低，更看重阅读能力。这门课程我得了 71 分，班级里 70 分以上共 8 人，最高分 79，不及格有 13 人，因此我与最高分也仍有一定差距。

需要说明的是，这两张试卷上除了阅读理解与完形填空之外全是课本后的习题，尤其是综合英语，题目完全来自书本。说实话，这种出题方式让我很不能接受。虽然做过的题再做错说明我没有掌握好知识点，但一些好开夜车的人可谓占尽风光。有的同学逮到课本，硬是把所有题目背了下来，结果成绩一出与我相同甚至更高。我一向不喜欢死记硬背课本，在高中时大考之前也从未有过复习英语的习惯，顶多翻阅一下课堂笔记。但在大学，人人考前死啃书本，甚至背诵课后习题，这让我难以接受。我是无论如何也不会去背题目的，那样不能说是掌握了这道题目相关的语法知识。

这次考试我对自己比较不满的地方在于我的阅读理解错误率太高。这样的错误率在高中是难以接受的，印象里高中英语考试，班里成绩最差的同学阅读错误也不会超过 3 个，况且现在的阅读理解难度与那时根本不能相提并论。确实是我缺乏训练了，我原以为这种准确率能像骑自行车一样，一旦学会便不可丢失，但实际上我的阅读能力是在一直下滑的。这就像电视里再强的武林高手，每天也要保持最基本的练习，不然再熟稔于心的招式在真正战斗时也会生疏，到那时就会导致致命的伤害。这是我之前预想过的，但是我没有想到会退化这么多。还有就是词汇量也有所缺乏，考试中的单选题全是词义辨析，这种题毫无技术含量却又是最令人绝望的，不会的单词太多就只能靠天收。至于语法、听力与其他基本功，我能比较自豪地说我还能掌握大部分，高中打下的基础是十分有效的，我在这里还是要再次感谢我的高中英语老师对我的教诲。

期末考试也即将来临，那时所有的课程都将进行考试，我也会比较忙，希望那时候能取得更好的成绩。祝您和妈妈身体健康，生活幸福。

沈晏齐

2016 年 12 月 10 日

008

晏齐：

你好！

我自 10 月 25 日到北京雅昌艺术中心做一套书最后三册的"跟机改样"——即跟随操作机器（特指电脑）的人员修改书稿校样——以来，一直很忙，所以对你的上一封电邮也没回复。但是对你的情况我还是及时关注的。现在该项目即将结束，下周二将在中国艺术研究院召开该套书（共 149 卷）新书发布会，我的事情就算彻底结束，再也不用频繁出差北京了。

现在我来说说我对你的考试成绩的看法。

你同学当中那些靠背习题取得好成绩的人，你完全可以忽略不计，即使他暂时考得比你好；因为靠这种投机取巧的人是没有出息的，他们不可能成为你的竞争对手。你凭着实际能力考出真实成绩，而且在中上等，这成绩本身值得肯定；但是与我对你的期望值还有距离。你知道，我一直在做着你出国留学的准备，包括学业上、经济上、精神上的准备，所以我觉得这个成绩还必须提高。我觉得你完全有实力在本班取得数一数二的名次，在全年级进入前五名，最低不要低于全年级前十名。你不要有太大压力，取得这个名次对你来说并非难事。

我们可以分析一下，你这次考试，可以说是"裸考"，你是按照示范高中的学生的方法来应对考试的。所以我说你考出来的是真实成绩，而那些靠背习题的人考出来的是掺杂着水分的虚假成绩。那种成绩只能骗得了别人骗不了自己。一旦题目不是来自课本，他们就会露馅，就会束手无策，就无法跟你竞争。所以我说这一类考得比你好的人可以忽略不计。倒是那些英语基础比你好或者跟你相当的、学习态度又认真踏实的人，才是你真正的值得重视的竞争对手。这样的人我相信不多，所以我才对你提出高要求，在本班取得数一数二的名次，在全年级最低进入前十名。人需要一点压力才会前进。我希望这不会对你构成太大压力。因为任何事都是过犹不及，压力太大反而对你有害。如果你觉得压力太大，你也可以告诉我。我们商量后再酌情降低要求。但是在你没有尝试以前，我不想降低要求。

如果把你的学习比作一场战争，我上面的论断可以算是宏观的战略上的构想，我还想进一步做些微观的战术上的分析。

首先，我觉得看错题目要求这个失误发生一次就够了。

其次，关于阅读理解，我想你还是要有意识扩大词汇量，也就是说，通过背诵、识认更多单词来加快阅读理解的速度和提高答题的准确率。按照我的经验（不是我的理解，我是有实际经验的），只要过了单词关，做阅读理解的速度和准确率不会成为问题。另外你所说的是对的，技巧必须靠不断的强化训练才能保持，这就是古人所谓的三天不练手生、三天不说口生的道理，所以古人强调"拳不离手，曲不离口"。你可以考虑纯粹背一个阶段的单词，一边背单词，一边阅读英文著作。单词关是必须过的。有了一万的词汇量，大学英语阅读理解就不会成为一个问题。当然也不是要你一口吃个胖子，一下子掌握一万个单词，但是我想可以在一年内解决这个问题。你自己做一个规划吧。

最后，我知道你作为一个省示范高中毕业的学生，很瞧不起考试临时抱佛脚的这种行为。我觉得你的学习态度是好的，但是你不妨在平时把课后习题都做会，这样根本不用考前突击。那些考前临时突击的人是以自己的小聪明来应付考试，而不是获取真正的知识，而获取真正的知识和为考试而耍小聪明是两码事。他们甚至不值得你去在意。每个人有自己的路要走，每个人也必须为自己的行为买单。你要做的事更有意义，你也会收获自己的踏实。

你说你很自豪高中打下的听力、语法等方面的坚实基础，这使我很欣慰。我当初要你参加英语老师的课外辅导，我明知道这对你高考也许不能有多少加分，有些家长也为此征询我的意见要不要继续辅导，但不管别人怎么看，我还是坚定地支持你去接受辅导。因为我当时就有长远打算，我是为你的将来打英语基础的。现在我看到了这个决策的正确性，我也很自豪。所以我上面说，我一直在为你做着出国留学的准备，当初这个决策也是准备之一。

你自己一个人去游览香积寺，我觉得这就是一个成人的体现。许多事是只能一个人去完成的。这一点你似乎很像我。学会独立地做事是成人的重要一步。只是你这个"成人"是正在进行时的"成长着的人"，而不是现在完成时的"成长了的人"。所以你还有一些懵懂也是正常的，因为你对自己的未来还不够清晰。当然话说回来，一个刚刚年过 18 岁的青年，对自己的人生有一些迷茫岂不是很正常吗？我像你这么大的时候，比你更迷茫。但是你比我幸运，我 18 岁就暂时结束了学生生涯，只能自己一个人在暗中摸索，到 35 岁以后才又进入学校读书；而你 18 岁以后进入了正规的大学，有老师的指导，至少我现阶段还能指导你帮助你。我期待着我的能力指导不了你的那一天快点到来。所以小伙子，用你最大胆的想象来规划你的未来吧。一事能狂便少年。我喜欢有野心有梦想的人。我敬佩为了野心和梦想而燃烧自己的人。

儿子，请你记住，在你这个年龄段，无论多大的野心和梦想都不为过。人是一个建构的过程，成为什么样的人，是靠自己来建构的。野心有多大，天空就有多广阔；梦想有多远，世界就有多精彩。我梦想过，我尝试过，我燃烧过，我建构过。我的人生我做主。这就够了。

愿你勇猛精进！

父亲于北京市顺义区格林豪泰酒店 305 房间

2016 年 12 月 10 日夜，11 日晨补写最后一段

"爱情"是双刃剑，

在不合适的时段来临是毁灭你，

在合适的时段来临是成全你。

当你的心智成熟到一定程度，

爱情就不会损伤你毁灭你反而会激发你成全你。

009

爸：

　　最近开学一直比较忙，没有时间给你写信。这学期新增设了一些课程，课程要求也变得非常多。几乎每一门课都要求制作 PPT，拍摄微电影，甚至编书、打印出版，作业量相比上学期要多出不少。老实说这些东西对英语学习用处很小，英语课程想学习国外教学方式，但是学习的都是皮毛，没有学习到人家的批判创新精神，却喜欢弄这些比较花哨的东西。不过我在制作的过程中和同学合作，尝到了一些团队合作的乐趣，也比较有意思。

　　这学期新增了历史、哲学、词汇与语法课程，这些都是我以前很喜欢和擅长的课程，学起来比较轻松，尤其是哲学课，比较系统简要地介绍了几位历史上著名哲学家的主要观点，都是我以前不太了解的。值得一说的是 Plato，他提到的洞穴之喻，以及关于各种隐藏在现实世界后的 "ideas"。这个部分看完后，我觉得触动很大，那个下午都在想这个问题。同时历史课也学到了世界早期宗教的形成，老师讲了摩西带领犹太人出埃及，红海的海水都为其分开；悉达多·乔达摩抛弃荣华富贵，在菩提树下悟得真理，都是我以前读书没有注意到的，很有触动。

　　这几周在图书馆借了茨威格的小说集、李叔同生平传、汉朝文人作品集几本书。我在看过李叔同的生平后非常感慨，特意去发了说说。我非常钦佩他能抛下俗世的决绝，那不是普通人可以想象的。他甚至可以放下他的朋友、家人，这是只有将自己全身心托付于佛的决心才能做到的事情。当我想到我们大部分普通人并没有一种可以为之放下一切的信仰，我就会觉得非常悲哀且深深羡慕李叔同先生了。

　　这学期我已经基本能在心里形成一张比较科学规律的作息表，对学校的事务也能比较游刃有余地处理。虽然课程更加紧张，但我愈发感受到读书的重要性。不读书与读书的人的差别，我在这所学校里愈加清楚地了解。最后祝你和妈妈身体健康，工作顺利，天天开心。

沈晏齐

2017 年 3 月 16 日

010

晏齐：

你好！

看到你的电邮，我非常高兴。你在逐步成长。每日学习有所得，这就是成长。

（一）你认识到教学不能仅仅靠花哨的形式，能以批判的眼光看待不切实际的教学模式；同时又不一味地否定，而是从另一方面体会到团队合作的愉快。这就是非常理性地对待所遭遇的一切的态度。如果不能以批判的眼光看到其缺点，那是犯傻；如果不能从另一面看到其长处，那是苛求。两者统一，才是理性而智慧地面对不完美生活的最佳状态。

（二）Plato 是苏格拉底的学生，是他的继承人和光大者。他是西方哲学的祖师。取得这个不可撼动的地位，尤其是经过数千年的读书人的拣选，是不可能浪得虚名的。他关于"ideas"的论述很神秘，但的确值得人们思考。他的《理想国》是经典中的经典，你可以尝试着阅读。虽然不可能一下子读懂，正如我让你读《查拉图斯特拉如是说》，读一遍是远远不够的，但是读第一遍，你一定会很震惊。用尼采评论他读陀思妥耶夫斯基《罪与罚》的话来说，是"如受电击"的。

（三）摩西带领犹太人出埃及，红海水为之分开，你读《圣经·旧约全书》没有注意到吗？像这类神圣的经典，还是需要从头读到尾的。我估计你平时读《圣经》，大多是随便翻，翻到哪里就从哪里读。我读《圣经》，是从头到尾读过一遍的。那是20多年前，我还在乡村小学教书。从头到尾读一遍，再随时任意翻阅，这是必不可少的读书要领。至于悉达多在菩提树下悟道成圣，成为释迦牟尼，我推荐你看黑塞的中篇小说《悉达多》，如果你在学校图书馆找不到，我可以把家里的快递给你。

（四）茨威格的小说艺术性很高，读完自有一种打动人的力量。他的《象棋的故事》《一个陌生女人的来信》《一个女人一生中的二十四小时》《同情的罪》等等都是脍炙人口的名篇。家里有八卷本《茨威格文集》。他所写的名人传记也值得一读。

（五）弘一大师是个奇人，普通人是达不到他的境界的。作为风流才子的李叔同，世俗中人学不到他的才艺；作为云水高僧的弘一大师，普通僧人学不到他的道行；从风流才子变成云水高僧，更是世人难以企及的。天才就是无法企及的东西。但是我们可以试着走进他的内心世界，试着理解他。我看到了你所发的"说说"，说明你内心很细腻敏感。这是读文科的人所必须具备的基本心理素养，我很欣喜你具有这个基本素养。这也使我坚信你读人文学科的选择是正确的。

（六）你说借几本汉朝文人作品集，我不知道是哪些人的作品集。对你来说，读纯文言有一定难度，所以可以看一些注释较详细的古代作品。我觉得看司马迁的《史记》是不错的选择。一来《史记》的语言不是佶屈聱牙的文言，而是较为生动活泼的带有一定口语色彩的文言；二是《史记》有一定的故事性，能吸引人读下去。我认为庄子、屈原、司马迁、陶渊明、杜甫、李商隐、苏轼和曹雪芹是中国历史上最伟大的文学家。因为想到你要适当阅读中国典籍，所以我这次电邮特意用繁体字来写①。如果你能大致认得，我下次就一直用繁体，帮助你逐渐认识繁体字。

（七）你说你"愈发感受到读书的重要性"，这是令我最高兴的事。不读书，不思考，人和动物就几乎毫无差别。人类超越动物之处，就在于人能纵向地汲取古代人的智慧、横向地汲取异国人的智慧，而动物只能学习身边动物的行为，没有古今的观念，也没有异地的观念。而且读书是帮你"think critically"和"set a fire in your mind"。不要说在你的学校，在任何学校，无论是北大还是安大，无论是清华还是新华，读书者与不读书者的差别都存在。等你走上社会，你会发现，在任何地方，读书者与不读书者的差别都是存在的。你既能认识到不切实际的教学模式的弊病，又能认识到团队合作的好处，这就是读书思考的潜移默化的结果。

（八）《冬日过香积寺》能在《文学报》发表，是一件值得祝贺的事。不少想创作的人，一辈子也不能在《文学报》发表一篇文章。专业性的文学类报纸，北京有《文艺报》，上海有《文学报》，

---

① ［注］作者此后所写邮件皆用繁体字，本书一律改为简化字。

全国仅此两家。它们跟一般的日报、晚报、都市报不一样，因为后者全国有成百上千家。所以我说你可以把这事告诉你的辅导员。这是网址：http：//wxb. whb. cn/html/2017 - 03/16/content _ 535132. html，你也可以在你的空间里转一下。转一下的目的，不是显摆自己，而是通过它帮你找到你愿意交往的人，你常说在西安外国语大学你没有找到值得交往的人。其实我想西安外国语大学这样层次的大学，必定藏龙卧虎，只是你没有机会认识那些"龙"和"虎"。古人说"以文会友"，通过这篇文章，或许就有有才华、愿读书、爱思考的"龙虎"来与你相识。"同声相应，同气相求"，有共同志趣爱好的人就会走到一起来。

（九）勤读书、深思考、细观察、多练笔，这是一个人文学科的学习者（你目前是）和从事者（你将来是）必须牢牢坚持的四件事。《冬日过香积寺》的可取之处就在于你有观察（如和尚绕着塔转圈等），有思考（这来源于平时的读书和为了写这篇文章我特意指示你读关于香积寺和善导大师的文章），有清新的语言表达（这来自日常的练笔）。所以这四件事必须常年坚持，养成习惯，成为本能。所以我希望你在完成日常学校规定的课程外，一定要多读、多思、多看、多写。你的习作，是拿来练笔的，不一定每一篇都能达到发表的水平，但是养兵千日用兵一时，也就是说平时多练笔关键时就能写出好文章。另外读书分为两类，一是平时读书积累，一是为了某一专题临时阅读补缺。这两类读书你会慢慢体会。

在生活方面，你也要学会自我管理。有规律的生活是最利于身心健康的生活。

　　我和你妈过得很好。你大可放心。你的成长就是我们最大的
快乐。

　　我一直在求得信仰的路上。

父亲

2017 年 3 月 18 日于庐州天鹅湖畔

011

晏齐：

你知道，我自 3 月 5 日关闭微信，给出的理由是"耗费时间"，这的确是我关闭微信的根本原因。但是促使我下定决心关闭微信的，却是我 2 月 28 日已报名 4 月 22 日的雅思考试。

雅思总分是 9 分制。听力、口语、阅读、写作每单科满分也按照 9 分计算，四科所得分数合计后求得平均值即是最终分数。雅思考试是我的一块心病，我已考过 N 次，总分最好的是 6 分，大多数时候是 5.5 分，最差的是 5 分。我的弱项在听力和口语，强项在阅读，写作一般。我这次备考，把侧重点放在口语和写作上。因为我知道短期内无法提升听力成绩。

我之所以要考雅思，是因为我要利用这个成绩去申请读博士，而海外读博最低雅思分数是 6.5。我就是从 9 分中的 6 分向 6.5 分冲击。换算成百分制，就是从 66 分向 71.5 分攀登。我就是不服气，其实我的实力应该达到了 6.5 分。但我已参加的 N 次考试中，没有一次能四门单科都发挥正常。而且我要说，雅思考试非常科学，它是真正的标准化考试，来不得半点投机取巧，是对考试者英语实际能力的综合且真实的考查。所以我虽然对自己的成绩不服气，但是我还是很佩服雅思考试的科学性。

我的计划是今年考雅思 5 次，如果冲不上 6.5 分，我就彻底放弃考雅思和到海外读博士的念头。其实以我现在的英语水平，参加内地的博士入学考试，是完全可行的。我想到海外去读博士，利用海外读博士之机会 expand my outlook and enrich my experience。

我跟你说这些，是想说明，人还是得挑战一下自我。对于自己的职业，我已经驾轻就熟，凭我的能力，我原本可以轻松自在地应付常规的工作，然后悠闲地享受业余的生活，然而这不是我的性格。今年我 48 岁，是我的本命年，我不想放任自己，庸庸碌碌度过余下的生命，而且我也确实想看看外面的风景，所以我还想搏一搏。无论今年雅思能否考取 6.5 分，我明年不会再花时间学习英语。因为有好几个论文题目，我已准备得较为充分，就等着我抽出时间来写。

关于你考雅思，我建议你今年下半年尝试一下，然后在明年上半年（也就是大二）考取 7 分。这不是难事，对你来说无非阅读难一点，词汇量突破一万就行。有了 7 分的基础，你基本就可以申请海外的大学。当然雅思分数越高越有利于申请，至于我考雅思难于上青天，并不表明你考雅思也会很难。毕竟我的英语基础比你弱 N＋1 倍。

你最近在读什么书，可以随时与我交流，在读中文书方面，我可以给你当指路人。

父亲

2017 年 3 月 24 日于庐州天鹅湖畔

012

爸：

最近我在忙着拍哲学课微电影，具体是要拍摄一部长约 10 分钟的英语微电影，内容要包括哲学思考。我负责了我们组的剧本，同时我又是导演和主要演员，所以我也算是"自编自导自演"了。剧本是我根据最近看的一部关于机器人自我意识苏醒的电影改编而来的，但是我处理了一下情节，让整个剧本和原电影完全不同。昨天下午刚刚结束所有拍摄，现在只等后期制作、剪辑、配字幕、添加背景音乐之类的工作了，但是由于下周四就要播放，所以时间依然非常紧张，我们组的任务还很艰巨。

这周我从图书馆借了三本书，但是一直没有充足时间去看，基本都是在公共课或者晚自习抽点时间看的。第一本是《希腊的回声》，由美国女作家伊迪丝·汉密尔顿所著的历史作品，她在写此书时已经有 90 高龄，不禁令人钦佩。因为我们最近课堂上对希腊讲得较多，我就找了一些相关的书籍来看。这本书大概对柏拉图、亚里士多德、亚历山大等一些希腊著名人物的历史事迹作了介绍和评价，补充了我的课外知识。

第二本是袁行霈著的《陶渊明研究》。这本书说实话我还没有细看，因为我觉得这种学术研究作品需要花上一个比较长的时间段来仔细阅读，所以一直拖着放到了最后。第三本是胡适年轻时的演讲、杂文收录集。我之所以说是他年轻时的作品，是因为他在全书里表现了很大的对中国本土文化的鄙夷与不屑，甚至说"在世界上最唯物的，最下流的文化中，中国文化要算数一数二的了""退让与讲和，这是东方文化的两条大路了"。我觉得如果胡适晚年还是这么想问题，那也太糟糕了。说实话我对我们的中国传统文化还是蛮有自信的，据说，联合国也说现在只有中国的儒家思想能救社会，这是对中国传统文化的肯定。但从这本书里我也看到了新文化运动时期中国激进年轻的知识分子的盲目，像胡适这样有理性的人都这样大批传统文化，其实也体现了那个时代中国知识分子急切寻求救国之路的坎坷艰辛。

这个学期接下来依然还是会像现在一样忙，这让我很难过，因为自己学习读书的时间越来越少了。不过值得高兴的是西安天气从昨天起就变好了，气温回升，阳光明媚。之前的两周每天都是阴雨绵绵，冷风刺骨，给人一种进入冬天的感觉，不过现在已经好了，好天气也让人精神抖擞，拥有克服困难的决心和毅力。

祝你和妈妈身体健康，工作顺利。

沈晏齐

2017 年 3 月 26 日

013

晏齐：

你好！

你的学习、生活正在逐渐走上正轨，我觉得很好。感到读书时间不够用，这是你成熟的表现。事实上，读书时间是挤出来的。你意识到读书的重要性，就一定能够挤出时间来读书。相对于你高中阶段紧张的学习，无论如何你现在自由支配的时间要多得多，所以我说可以挤出时间来读书。

你所说的微电影，我倒是很感兴趣。因为我没有任何这方面的经验，所以我想等你那边正式放映后，你把视频发给我一份，也供我开开眼界，这也是互相促进。

你所说《希腊的回声》的作者伊迪丝·汉密尔顿，我倒是一无所知。百度了一下，此书果然是她 90 岁时出版的，不仅精神可佩，也说明她耄耋（màodié）之年思维仍清晰，这是极难得的。

我们常说，西方文化是以"二希"为源头的。正如中国人常说，中国文学是以"风骚"为源头的。"风骚"即是"国风""离骚"的简称，也就是《诗经》《楚辞》的代名词。不知"风骚"，不足以与论中国文学。不了解"二希"，也不足以洞悉西方文化。"二希"即指希腊、希伯来。古希腊文化以其神话、史诗和哲学开创了西方文化的第一个黄金时代，而且至今是难以逾越的高峰。古希腊神话和史诗部分，你已有所涉猎，你小学阶段所读的《奥德修纪》和《伊利亚特》即是著名的荷马史诗，你现在初步阅读古希腊哲学，当然为你打开一个新天地。古希腊哲学中的芝诺悖论（包括飞矢不动、两分法，你可以百度搜一下"芝诺悖论"）就是非常有意思的诡辩。而被称为"作家们的作家"的博尔赫斯就根据芝诺悖论写过小说和散文。西方有无数学者对于古希腊哲学给予新的阐释，所谓"与古为新""阐旧邦以辅新命"，正是从"温故"中"知新"。希伯来文化自然是以《圣经》为代表，它开创了一个以宗教为本位的历史文化文学传统。而《圣经》对西方文学的重大影响在但丁的《神曲》中得到最广泛的体现。可以说，今日西方文化、文学、文明无一不在"二希"的影响之中。所谓求学必溯其源。你从"二希"起步，正是理所应当；且对"源"钻研得越深，你就越对西方文化之"流"有更深入的理解。

袁行霈先生是研究陶渊明的专家，我前不久刚购了他所著的《陶渊明集笺注》，我觉得你可以先看《陶渊明集笺注》，再来看他的《陶渊明研究》。先从文本出发，再来看研究文章，就会看出来作者所论证的是否完全切合对象。当然，一本书读一遍是不够的。你也可以先看《陶渊明研究》，记下你所感兴趣的论点，再来读《陶渊明集笺注》，查证陶渊明是否有袁先生所论述的特点，这样就能看出袁先生是如何治学的；或者你发现陶渊明还有袁先生所未曾论述的特点，那你就可以写成文章，论述你自己的"一家之言"。这就是读书治学的一个途径。你今后会慢慢学习。我现在先点一下。这是另一种意义上的温"故"（"故"指前人的著作，包括原作和研究这些原作的著作，陶渊明本人的著作是原作，袁先生研究陶渊明的原作所写的著作）、知"新"（"新"可指你自己的新的体会新的见解）。

我再来解释胡适年轻时的观点。我们常有一个说法，叫放在历史语境中来理解当时人的观点。这是非常必要的一个视角。以今绳古，并不能证明今人的高明，而只能表现今人的浮浅。因为凡事都是有来历的。当时新文化运动时期，中国知识分子对中国的积贫积弱非常着急，所以想找出这个积贫积弱的原因，大部分人错误地以为是中国传统文化阻碍了中国的现代化进程，所以大批痛批中国传统文化。鲁迅也曾提出年轻人不要读中国书，更有鲁迅的学生钱玄同要废除汉字，走拼音化的路子。他们这一批人的思想是以当时的时代背景为前提的。事实最终证明他们激进的主张是走不通的。陈寅恪先生就比他们高明。他在冯友兰《中国哲学史》下册审查报告中指出："其真能于思想上自成系统，有所创获者，必须一方面吸收输入外来之学说，一方面不忘本来民族之地位。此二种相反而适相成之态度，乃道教之真精神，新儒家之旧途径，而二千年吾民族与他民族思想接触史之所昭示者也。"这就是陈寅恪先生所坚持的赫赫有名的"中华文化本位论"。

我再来解释一下为什么上次你推荐给我的那个测试，结果显示我在文化上比你更激进，而你反而比我更保守。这其实跟胡适那个时代有某种类似性。凡事都要联系时代背景来解说。你知道，五四时期是中国近代以来一个文化上对西方大规模引进的时期，而 20 世纪 80 年代的中国是第二个大规模引进西方文化的时期。特别是 80 年代中后期我正当你现在的年龄，我对中国传统文化的态度不能不受到这第二个引进西方文化的时潮的影响。你生长的时代，正是政府和民间高扬传统文化的时代，所以你对于中国传统文化的温情必然是时代大背景的产物。这就告诉我们，评判历史人物和事件，必须还原历史语境；评论学术文章，也一定要了解作者所处的时代背景，这就是孟子所说的"知人论世"。

而在时代潮流中，保持一己之清醒，这更是难得的智者。其实我们任何时候，都必须牢记陈寅恪先生的教诲：必须一方面吸收输入外来之学说，一方面不忘本来民族之地位。吸收外来，保持本我，两者不断交融汇合，才能成就其大。无论治学、无论生活，都是如此。陈寅恪先生的伟大，不仅仅在于他提出"独立之精神，自由之思想"，虽然这句话被很多人所引用。

不要着急，书要慢慢读细细读。只要你有心，一定会读书有所得，也一定会挤出时间读。

父亲
2017 年 3 月 27 日于庐州天鹅湖畔

014

晏齐：

你好！

昨天你母亲从池州回来，她和我昨晚看了你的微电影 AI，我后来自己又看了一遍，有些想法和你交流一下。

我觉得你能自编自导自演微电影，这是一个很好的开端。我自己可能都做不来。它锻炼了你的综合能力，我看主要是两方面的能力。一是关于微电影的脚本编写、舞台设计、导和演、剪辑和打字幕等微电影拍摄的专业能力；二是关于如何在集体工作中组织、协调的能力，也就是如何与他人交流合作的能力。这两方面的能力，一个专业能力，一个合作能力，是你将来无论做任何工作都必须具备的能力，提前加以锻炼，很有意义也很有必要。关于这整个过程中的苦与乐、得与失，你可以写一个完整的内容总结给我。顺便说一下，我觉得你没有放开演，有些拘谨羞涩，倒是另一个男生很放得开，演得像那么回事。

再来谈谈你的微电影 AI 所揭示的主题。你在这个微电影中提出一旦唤醒 robots 的人性，他们就会反抗人，最后试图杀死 their master，在你的微电影中，幸好主人的朋友及时赶到，才避免了 master 被他的 robots 杀死的不幸结局。那么，这就提醒我们，到底要不要唤醒 robots 的人性？我觉得你的微电影还可以设计一个情节，即之前 master 生病了或者处于一种紧急状况，他无法对他的 robots 发出指令来帮助他，此时由于 robots 没有人性，所以不能主动帮助 master 应对危机。通过这么一个情节，我们知道 robots 需要具备人性。然后我们再通过你所设计的情节，我们知道 robots 一旦被唤醒人性，他们有了独立的自我，他们又会追求自身的自由，从而反抗 their master。通过这一正一反两个情节，会使你的微电影所表达的主题更加全面而深入。所以，我们在 robots 既需要人性又不需要人性的 dilemma 中，到底采取何种对策，就成为人类必须应对的一个永恒课题。这只能靠哲学来解决这个 dilemma。

随着年龄的增长，我越来越体会到哲学在生活中的重要性。哲学是一切学问的基础和顶峰。这句话的意思是，哲学既是最基本的，又是顶级的。而且我认为哲学的精髓就是认识到"中道"的重要性和学会如何保持"中道"。可能喜欢西方哲学的人难以理解"中道"这个词所代表的境界。所谓"中道"，最简单的解释，就是朱熹所提出的"中者，不偏不倚"。也就是说，"中道"即不偏不倚之道。中道即是不偏向任何一方，也不倚靠任何一方，而是保持一个既恰到好处又自立自为的状态。中道不是简单的折中，不是求平均值。不是甲取 3，乙取 7，你来取个中间数 5。孔子在《论语·先进》中提出"过犹不及"，也就是说，一件事做过了头，或者做得不到位，都是不好的。所以必须是"恰到好处"。战国时宋玉的《登徒子好色赋》写"东家之子"之美："增之一分则太长，减之一分则太短，着粉则太白，施朱则太赤。"这才真正是恰到好处的美。"中道"还强调不倚靠任何一方，那就是要做到自立自为。作为主体的"我"，不需要倚靠任何一种外在的一方（"他者"）而存在。"我"是自足的自立的，不是倚靠或者依附"他者"而存在而发展的。"我"既不偏向于任何"他者"，"我"也不依赖于任何"他者"。这才是真正的自由、自在（自我存在）。

我现在试着用"中道"来对你的哲学微电影加以批评和解说。我觉得我们既不能偏向、倚靠于 robots 要有人性的一方，又不能偏向、倚靠于 robots 不要有人性的一方。我们只能说，在 master 处于无法发出指令的危急情境时，需要 robots 具备人性来主动帮助 master 应对危机；而在 master 处于能够发出指令时，robots 则不需要具备人性张扬他们的自我。或者说，robots 既需要具备人性又不需要具备人性。这就是矛盾的对立统一。

我们可以进一步论说一下，人类制造了机器，机器究竟应该具有自己（机器）的个性还是不应该具有自己（机器）的个性？阿根廷著名作家博尔赫斯在短篇小说《遭遇》（《博尔赫斯全集·小说卷》第 336 页，浙江文艺出版社 2009 年版）中，描写人类制造的物质产品——刀剑——违反人的意志，两把剑指挥握剑的人不由自主地互相拼杀起来，最终一死一伤。它体现出深刻的反思。正如《礼记·学记》所说，"君子性非异也，善假于物也"，人类创造的产品的确帮助人类扩展了自己的能力，火的运用，工具的发明，太空船的探索外太空，直到今日手机和电脑的普及，使人类具有了极大的超越远祖的能力。但在一定程度上，人所创造的精神和物质产品也有可能产生相反的作用，它们也有可能制约、削弱甚至危害人类自身。车辆的发明、大规模机器的使用，使人丧失了基本的动手动脚的能力。人类在创造发明新的产品时，必须对这些发明创造保持一份警惕，警惕它们的"异化"。如何对待人类发明的机器和 robots，不正是需要人类保持"不偏不倚"的"中道"吗？人必须利用人类所发明的机器，但人不能过分依赖这些机器，这不也是另一种不偏不倚的"中道"吗？

还可以申说一下。在与他人合作时，究竟是充分保持"我"的自我，还是牺牲部分自我来与"他者"合作，这也是一个需要把握分寸的"不偏不倚之道"。我是社会的一分子，我自然要适应社会；但是我又是独立的自我，我又不能丧失自我来适应社会。一个人既要随心所欲，就势必要不受约束；一个人既遵纪守法，就肯定不能放任自在。如何既遵规守矩，又能随心所欲？这看似一个 dilemma，但是孔子却很好地把两者统一起来。他说他自己："七十而从心所欲，不逾矩。"这就是"中道"的极致。

我的意见如上。我希望听到来自你的看法。

父亲
2017 年 4 月 6 日于庐州天鹅湖南

015

爸：

　　这学期相较于上学期忙碌了不少，多出了很多和学习不太相关的事情，学校最近也有领导来视察，所以每个班级都在打扫教室、布置桌椅，看起来实在很滑稽。

　　这周我们组在历史课上进行了 PPT 展示，本课主题是探讨世界主要宗教，而我们组选择了基督教。另外两组在上周已经完成，我们组这周进行。然而老师对我们的 presentation 做了很严厉的批评，当然不是针对我们组，而是所有做 PPT 展示的同学都应该注意，不能在 PPT 上粘贴大段文字然后照着文字念，同时要注意每张 PPT 的主题，只要列出关键词就好。我们组在这方面犯的问题比较严重，老师直接把台上读 PPT 的同学请下去了。我是我们组最后一位，老师最后问我能不能上去"讲"而不是"读"，我当时拼了一把，我回答我可以上去讲。其实我的 PPT 也有很多大段的文字，但是我相信自己临场发挥的"胡诌"能力，于是我就上去了。最终的效果也还是可以的，老师给了我 8 分，我们组其他组员只有四五分，这是这一周比较有趣的一件事情。

最近我在读李商隐的传记和《恶之花》。我看了一下，我的那本《恶之花》的译者名字叫亚丁，不知道你是否认识这个人。我觉得李商隐是一位感情很细腻的人，他的诗歌非常绚烂华丽，几乎每首都带着很浓的抑郁或是悲伤。从这点来看我借的另一位作家波德莱尔的文字倒是和他有几分相似，至少我读起来的感觉是这样的，都不是一种感情的正常抒发，但是波德莱尔更给人一种病态之感，他的文字像是中了病毒一样，有的地方很难去理解，和书里那些畸形的插画一样给人一种很不自在的意味，这一点让我印象十分深刻。

至于你之前和我提出过的"中道"，我是非常认同和支持的。我一直觉得人做任何事都应秉持中道的思想，不偏不倚，才是最佳的生活处世之道。而像孔子那样"从心所欲，不逾矩"则是一种常人很难达到的境界。我觉得孔子可能达到了行事与守矩完美结合的境界，规矩对他已经成为起舞的飘带，而不是冰冷的手铐。我认为如果我们能奉守中道，迟早能达到孔子的境界。

期中考试可能会在五一之前到来，我最近事情也算结束了一些，可以分点力气到复习上。我今天上午和同学去外面看了电影《速度与激情8》，在外面吃的饭，玩得很开心，在这边也都很好，希望你和妈妈在合肥也能多出去走走玩玩。

沈晏齐

2017 年 4 月 15 日

016

晏齐：

　　你好！

　　你所说的这周"有趣的事"我听后非常高兴，像这样挑战自我的事，经常去尝试才能不断提振自信心。我觉得你的自信在增强，我认为这不是因为你的胆子变大了，而是因为你的能力提高了。这就是你成长的快乐，而且把这快乐传递给了我和你妈。今后要有意识挑战自我，不断突破自我，最终超越自我。你读我写的《丽娃河畔坐春风》，其中说及我的学位论文原本是导师的重大课题的一章，我就是在导师的鼓励下突破自我而有所收获的。所以有许多事，我们只有做了，才知道自己究竟能否做成。我们千万不要预先设定某件事自己做不成，从而不去做。当人家照着文字去念，而你脱口演说，你就脱颖而出了。老师给你打8分也是理所应当的。我觉得可能你平时表现就不错，所以老师提出你能否脱稿说。总之，这是一件不仅"有趣"更值得"庆贺"的事。

　　你所说的另一件"滑稽"的事，其实我倒是经常遇到的。因为我们单位经常遇到接待任务，老是有各种各样的领导到我们单位检查、视察、参观或指导。所以我们也常打扫卫生，等到检查一过，我们又恢复原样。这是"滑稽"且"荒唐"的事。不过我们不妨从另一个角度来看问题，你知道我是懒散的，办公桌常常懒得收拾，所以利用这样的机会收拾一下，我觉得也并非坏事，反正就当是一次打扫卫生。

对于你的期中考试，我想只要你认真对待，还是可以考出好成绩的。因为是期中考试，毕竟要计入总成绩，所以还是重视为好。你已经有过去年期中、期末考试的经验教训，所以只要你重视，我相信你考出好成绩不是难事。因为马上面临本学期末的分流，在英文学院、英语教育学院和旅游学院三者中，我是坚决支持你去英文学院的想法的。即使你不提出来，我也是主张你去英文学院的。通过查阅西安外国语大学网站，我知道英文学院的师资力量更强大，而且英文学院与海外高校的交流也最多，最重要的是我觉得英文学院的"英语语言文学"专业也跟你的兴趣最接近。所以，我想确保你有进入英文学院的选择自由，这是对你的考试成绩的最低要求。你成绩越好，你选择的余地就越大，这一点是不言而喻的，也无须我多言。好好应对期中考试，它是一件"认真"而"重要"的事。

"中道"哲学，我其实是对古人的说法作了新的阐释，我把它提到一个"既不偏袒一方也不倚重一方"的"自由的境界"，这其实并不是古人（如孔子、朱熹）的本意，只要我能言之有据、言之成理，我是可以这样重新阐释的。而学问就是这样的一个不断阐释的过程，尤其是人文学科，这就是所谓的"温故知新"。正是在不断阐释中，人们新的想法冒出来了。我后来查阅了《论语·子路》篇，子曰：

"不得中行而与之，必也狂狷乎！狂者进取，狷者有所不为！"孟子引用孔子这句话，把"中行"改为"中道"，见《孟子·尽心下》。而朱熹也把孔子所说的"中行"解释成"中道"。钱穆先生的《论语新解》提出，中道即是狂狷之道，进（"狂"）能行道，退（"狷"）能守道。我觉得钱穆先生这样解释反而降低了"中道"的本体论地位，他把"中道"仅仅看作是一个具体的行为了。我把"中道"看作是一个世界观和方法论，是一个抽象而超越的哲学本体论，也就是说，可以将之运用到不同的、具体的、个别的事情上去，当然它也可以应用到"狂狷"上。比如我 3 月 27 日邮件中所引用的，陈寅恪先生的说法，"一方面吸收外来之学说，一方面不忘本来民族之地位"，在如何对待本民族文化和外来文化的关系上，陈寅恪先生的提法就是一个"中道"哲学的应用。所以我的"中道"概念，是一个"本体"而"普遍"的概念，它是一个定理或者说原则。如何运用到实际事例中去，还得靠你慢慢体会。

你所看的《恶之花》，其作者波德莱尔和译者亚丁应该说我都熟悉。波德莱尔是一位超前的作家，他挖掘出了"恶"之花，"丑"之美，所以人们会认为他的艺术之美是病态之美。你读他的作品感到不自在是很自然的。正是由于他的超前性，所以评论家们认为波德莱尔是古典诗歌的最后一人和现代诗歌的最初一人。我想这个说法的含义可能是指波德莱尔在诗歌的写法上采取了古典的十四行诗的形式，而在内容上则大胆描写前辈诗人几乎没有描写过的题材。因为我一直认为诗是不可译的，所以我其实对波德莱尔的《恶之花》看得并不认真，倒是对他的散文诗集《巴黎的忧郁》读过好几遍。

其实波德莱尔是用散文诗的形式再次描写了他在《恶之花》中写过的内容。我所读的《巴黎的忧郁》的译者正是亚丁，而且我是很认可亚丁的译文的。

再来说说亚丁。他是法籍华人，旅法作家。他翻译的波德莱尔的《恶之花》和《巴黎的忧郁》为他赢得了翻译家的好名声。可是他后来（1994年）与电影明星刘××走到了一起，有了一段情感经历，到1996年分道扬镳，亚丁此后在文学翻译上一无所成。我是约十年前在上海师大郑克鲁教授（他是国内颇负盛名的法国文学翻译家、学者）办公室里，亲耳听见郑老师的夫人朱老师谈起此事，郑老师和朱老师都甚为惋惜，觉得亚丁糟蹋了自己的才华。

关于《恶之花》和《巴黎的忧郁》，我家里另有钱春绮译本和郭宏安译本，我觉得三者之中，亚丁的译本最有文学性，钱春绮译本最忠实，郭宏安译本我没有阅读，不好评价。亚丁译《巴黎的忧郁》（三联书店2004年版）第166页有句话说："谁能感到平等，谁才能和别人平等；谁知道争取自由，谁才配得上有自由。"我觉得前半句译得不到位，我把他们改写成："唯能证实与人平等的人才能获得平等，唯有懂得争取自由的人才配享有自由。"我想如果你将来修学二外，最好学法语，对照一下法语原作，看看波德莱尔的原意是不是我改写的句子所表达的。

波德莱尔活了46岁（1821－1867），李商隐活了46岁（812－858）。你把这两个天才而短命的诗人放在一起倒是一个巧合。他们两人的命运也有一拼。虽然波德莱尔认识到自己诗歌的价值，可是他的同时代人不能完全认识他的价值，他在穷困潦倒中过早离世。

李商隐是中国传统文人，他的内心深处是建功立业的传统儒家思想，然而他的社会地位和当时的时代背景却使他只能沉沦下僚，做了一个不如人意的小官，所以他内心其实是有某种自卑的。实则他已大胆突破中国传统诗人的写作模式，因为他极大地发扬光大了中国古典诗歌的象征手法，我认为他对于自己在诗歌艺术上的创新并没有自觉地认识到，但是他作为一个写诗的手艺人，毕竟能感受自己的手艺与其他手艺人的不同，所以也夹杂着某种自豪。我在《王辛笛对古典诗词的传承和转化》（刊于《文艺报》2015 年 11 月 16 日，网络版 http：//www. chinawriter. com. cn/bk/2015 - 11 - 16/83811. html）中曾分析李商隐的《东还》诗，"自有仙才自不知，十年长梦采华芝。秋风动地黄云厚，归去嵩阳寻旧师"，论及"李商隐作为不自觉的诗人和自觉的士人的心理冲突"。所以李商隐是比波德莱尔更加悲剧的人物。他们两人都是象征主义诗人，都是在身后获得世人的高度认可。诗人是最寂寞的，因为诗人是最超前的。世人总是迟钝的，他们需要时间来理解诗人。英国作家吉卜林（就是你很喜欢的那个写动物小说的获诺贝尔文学奖的作家）就曾写过这样的诗句："人们还没有看见日出，我已经看见了日落；对不该知道的事，我懂得的太多！"所以诗人也许是先知，却常被同时代人视为疯狂。我也许做不了诗人写不出伟大的诗篇，但我既然热爱文学，至少应该理解诗人，为寂寞的诗人带去一丝同情的理解。这就是我们这个时代的人所常追求的"诗与远方"的深层内涵吧。

　　读书和生活不可偏废。阅历阅历，阅读和经历可以相辅相成。我和你妈把回池州看作休假，她前不久还去了石台县旅游。顺便说一下，你要把你取得的任何成绩都要及时告知我们，遭遇的任何失误也不要对我们隐瞒，我们虽不是吉卜林，毕竟比你见过更多次日落和日出。我和你妈会做你的好参谋！

父亲

2017 年 4 月 15 日于太阳海岸蜀望楼

017

晏齐：

你好！

我最近购买了八本书，将快递给你。

其中有朱光潜先生四本书，我在朱先生《给青年的十二封信》的前环衬上特意写了几个字："朱光潜先生的'四书'（《十二封信》《谈美》《谈修养》和《谈美书简》），关乎修身处世，作文审美，深入浅出，博雅通达。愿你学而时习，常读常新。"我知你虽然在图书馆已借了《谈美》等书，但我还是希望你能收藏这四本书，而且我希望你逐渐建立起你个人的藏书库。

另外四本是外研社出版的英汉对照本《文艺复兴简史》《圣经纵览》《罗马帝国简史》《美国简史》。他们的作者都是相关领域的大专家，他们写的小书既客观理性，又丰富有趣。我希望你先读英文本，遇到不懂的，再参照中译文。他们不仅可以训练你的英语，而且使你对西方历史、文化和艺术有从源到流的了解。一个英语专业的大学生不读英文本，不了解《圣经》、罗马帝国、文艺复兴和美国的大致情形，那是不配学习人文学科的。

　　一次给你寄这么多书，不是要你一下子读完，而且你自己可能还有其他的书想读，所以你自己统筹安排好读书时间。不过朱先生的"四书"可以尽快读完。我很想看到你的读后感。

父亲

2017 年 5 月 9 日于天鹅湖畔

018

爸：

自从运动会和期中考试结束后，我们进入了一个相对比较清闲的时段。这段时间我花了点功夫在学校附近转了转，骑上小黄车四处溜达，也算是体会了一下西安的春天。但是随着学期将尽，作业的压力也随之而来，我需要与人合作编一套语法书"出版"，拍摄一部8分钟左右的个人微课，诸如此类。另外历史与哲学课的期末考试要求也已经通知下来，要求我们背诵课本里出现的一些生词，这对我们无异于晴天霹雳。我们平时的学习仅仅要求了解课本内容，单词方面我们几乎一无所知，何况还有很多复杂的专有名词。同时历史试题中会要求用英文解释某个历史事件的因果关系，这对我们的词汇掌握和语法表达都是十分艰巨的挑战，我也必须从现在就抓紧准备。

朱光潜先生的《谈美》，我已经在图书馆借阅过了。在此之前，我几乎对美学一无所知，对美学中的专业名词也闻所未闻。现在想来，我仅有的只是对美的一种朦胧的感觉和判断。《谈美》这本书，我感觉到它和《人间词话》一样，是一本奠基之作和需要反复研读的书。我最近有空就把它拿出来看看，以求能有新的体会与感想。

朱先生的文笔也如同行云流水般，读起来非常优美流畅，同时他所举的例子也简单易懂，非常适合我们年轻人去读。你寄来的其他几本书，我也会抓紧时间好好品读的。

而从图书馆借的叶嘉莹先生的诗词评讲，我还没有看完，因为其中有很多古诗词的原文引用和典故的介绍，所以看起来比较慢。我所深刻感受到的就是叶先生对中华诗词文化发自心底的热爱。这是一种愿意为之奉献全部精神生命的热爱。她常常提到自己讲到动情处会不自觉地流泪，这真正是对诗词爱得深沉。她总是强调诗词创作是很简单的事情，只要用心观察，言之有物，几岁的小朋友都可以作诗。同时她也提到作诗需要感情的冲动，对字句的锤炼斟酌也同样重要。一些看似简单的诗句，经她讲解后就充满了趣味。如果能有机会听一次她的讲课，我觉得那一定是非常棒的事情。

之前在 **QQ** 里提到的简单的美，我觉得不仅存在于文学中，在世界的其他方面一样存在。物理学中简洁和谐的公式，便概括了自然界运行规律；武侠小说里真正的大师，也往往深居简出，为人低调，只在关键时刻用一击击退敌人。简单地说，我觉得所有事物在发展中都有一种"回归"的趋势，就是向着事物最开始时简单质朴的方向发展。这往往都是经过无数的测试、锤炼和挑战后，才能达到的 种状态。婴儿与老人同样无欲无求，但一个天真尤邪，一个睿智平淡，这两者在某种程度上十分接近，但是又有本质的不同。这是我所发现的一个很有趣的地方，不知道你如何看待。

祝工作顺利，生活愉快。

沈晏齐

2017 年 5 月 13 日

019

晏齐：

你好！

到学校周边转转，是一个很好的体验生活的方式。不实地走一走（我是在最原始的意义上用"走"这个词，你骑共享单车也好比是走），仅仅坐车看景、走马观花是无法真实了解一个地方的。我在上海读书时，也是实地在华师大附近走一走，沿着苏州河看一看；去年在北京顺义地区，也是沿着马路走几站。你走动的范围越大，你越会深入地了解西安这个城市，甚至会喜欢这个城市。我有一个预感，你已经比去年刚去时更喜欢西安了。

我常想，坐在车里逛城市，那是无法深入体会一个城市的呼吸和命脉的，那种浮光掠影式的生活是我所鄙弃的。就像生活中，有许多人，我觉得他们虽然也活过，可是我觉得他们只看到生活的表象，而从未体会到生命的深处。他们或是不能、或是不愿、或是不敢看清生命的本质，他们就自欺欺人地存在于生活的表象中。我说"他们"，其实我的眼前就浮现出好几个我熟悉的身影来。他们也是一种活法。我是主张看到欢笑背后的痛哭，繁华背后的憔悴，光明背后的黑暗，荣耀背后的屈辱，甚至是功勋背后的罪恶。我是宁愿看到生命的真相，即使真相令人恐惧而震惊；也不愿仅仅看到生活的表象，即使表象令人愉悦而可爱。

人是需要外力来强制学习的。在你们这个阶段，我觉得有外力强制还是必需的。多背一些单词，哪怕是出于应对考试，也是必要的，而且你许多年后就会觉得当初的强制背诵很有必要，且也是受惠终生的。所以我觉得学校要求你们背一些单词，你们就觉得是"晴天霹雳"，未免有些夸张。无论如何，它们所代表的学习强度，和你的高中三年相比，都是小把戏。不过你说这些是"挑战"，并要认真对待，我倒觉得是真的。因为人毕竟是有惰性的，即使你经历过高中三年的考验，你也难以确保自己就已经绝对具有应对压力的主动性。每一次的提升都是一个挑战，每一次的进步都是战胜自我，"从现在就抓紧准备"，有这个认识就很不错。

《谈美》的作者朱光潜先生是我们安徽桐城人（今枞阳县麒麟镇人），曾就读于香港大学文学院，后留学英法，相继求学于英国爱丁堡大学、伦敦大学和法国巴黎大学、斯特拉斯堡大学，最终在斯特拉斯堡大学获得哲学博士学位（你可以百度大致参考一下）。另外，钱锺书先生的多篇文章就是经朱光潜先生编辑发表的。也就是说，朱先生对钱先生有提携之恩。朱光潜先生早年也编辑发表过沈从文先生的小说，而且朱先生在"文革"后是最早对沈先生遭遇不公平对待鸣不平的人。也就是说，朱先生对沈先生有知遇之情。从这两点来说，朱光潜先生的人格和学识是非常值得尊敬的。当然了，朱先生是一代大师级的美学家，你被他的文章所俘虏，被他的思想所折服，也并不奇怪。你说得很好，《谈美》和《人间词话》，值得反复阅读，所以我说它是"常读常新"。像这类书，必须"沉潜往复，从容含玩"，也就是仔细咀嚼，缓慢消化，点滴吸收，化为我有。由浅入深，你将来还会进一步阅读朱先生的著作和译作。

你说你读叶嘉莹先生的著作，读出了叶先生对中华诗词"发自心底的热爱"，恭喜你，你也算是读书读进去了，孟子说，读其书，想见其为人。叶先生提出阅读诗词必须"兴发感动"，一定要从所阅读的诗词中得到一种兴发，一种感动，否则读诗词，难道仅仅是为了增长一种与生命成长无关的知识吗？我常常说，背诵一首诗词，既不是为了在考试中用来填空拿分，也不是为了在交谈中作为谈资供人崇拜，而是为了引起你对生命的一种感悟、一种动情、一种体会。其实我看不上"诗词大会"那种电视节目，就是因为它把诗词作为一种知识的炫耀而不是一份对于生命的感动。中国当代有些大学的古典文学教授，自己讲授诗词，可以引经据典，滔滔不绝讲得很多，看起来很有学问很有知识，可是谈到对这首诗怎么理解，怎么把自己的情感和作者的情感勾连起来，怎么引发对于诗人和自己的生命的感动，他一无所知。这样的学者，即使能讲一万首诗词，还是没有摸到诗词的门径，更不用说登堂入室了。叶嘉莹先生讲诗词，她是把自己的生命体验融入所讲的诗词中，以自己的生命来印证作者的生命，有时甚至比作者体会更深。所以她讲诗词，才能打动读者，才能激发读者产生对诗词的爱。

我读过叶先生好几本书，我常常为她的诗词讲解而感动。我仅仅举一个例子，来说明叶先生如何在讲解诗词时把自己融入作品中，把自己的生命体验印证到作者的生命体验中。她在《一组易懂而难解的好诗——以〈行行重行行〉为例》一文中，谈到对该诗最后两句"弃捐勿复道，努力加餐饭"的理解，她说："像这种为了坚持某一种希望，担荷起无量悲苦而勉力去做的挣扎支持，其所表现的已不仅是一种极深刻的感情，同时也是一种极高贵的德操。"（叶嘉莹着《迦陵论诗丛稿》第 211 页，北京大学出版社 2014 年版）这样理解，已经对于原诗句是一种升华。她已经把死的古老的诗词讲活了讲年轻了。然而不仅如此，叶先生接着的议论更让人体会到她已经不是在讲原诗句，而是在讲她自己的生命体验。

她说："我常以为当一个人遇到悲苦挫折之时，如果丝毫不作挣扎努力，便先尔自行败馁或甚至因失望与失败而自加戕贼，这样跌倒下去的人纵使能使人怜悯同情，也是不值得尊敬和效法的，反之，当一个人遇到悲苦挫伤之时，如果能自加勉力，在痛苦的挣扎中依然强自支持，则最后即使也终于失败而倒下去了，这样倒下去的人较之前者，才更富有悲剧感，更有波澜，更有力量，更有德操，更使人同情，也更使人尊敬，何况如果竟因艰苦之挣扎而居然有一日能使全心灵全生命所期待的事情终得实现，则岂不更是一件可欣喜礼赞的事！"（《迦陵论诗丛稿》第 211－212 页）

这七个"更"字是我有意标红的。叶先生这一段议论看似突然而来，一般人讲诗词怎么会忽然发这么大感慨，而且这个感慨如没有深入体验生命的人又岂能发得出来?！叶嘉莹先生不是浮光掠影存在于生活之表象而是寻根究底洞悉了生命之真相的人。如果我们知道她悲苦挫伤的人生经历，以及她如何面对悲苦挫伤而奋力抗争，我们就会知道她是把自己的生命投射到所讲授的诗词中了。叶先生生于 1924 年，从小饱受战乱之苦，1948 年下半年到了台湾，1949年她丈夫因为"匪谍嫌疑"（国民党政府怀疑她丈夫是共产党间谍）而被逮捕，她自己带着 4 个月大的女儿到处找丈夫，丈夫没找到，后来工作又被剥夺，她只好到私立学校教书。再后来她丈夫被放出来，又无事可做，靠她养活。直到她经人介绍到美国和加拿大教书，可是加拿大移民局又不让她家人到加拿大来。一开始她英文不够好，头天晚上查字典，第二天白天给讲英语的学生用英语上课。她历尽生活之艰辛，顽强与命运相抗争，她把自己的血泪都融进中国古典诗词中了。叶先生说："人不经过绝大的痛苦，不会觉悟。"（叶嘉莹著《荷花五讲》，第 168 页，商务印书馆 2015 年版）叶先生讲传统诗词，是把自己的生命和生命体验注入诗词中去。

所以学习中国古典（包括诗文），我的体会：第一步是训诂，即搞清楚每个字词的意思；第二步是了解前人是如何理解的，这个人做出这个解释是出于何种考虑；第三步是用自己的生命体验来理解作者的意思，有时是丰富作者的意思，有时甚至是补充作者的意思，即"作者之用心未必然，而读者之用心未必不然"（谭献《复堂词录序》）。

顺便说一下，你今后谈到所读书，尽可能注明作者名、书名、出版社名，引用时还要注明页码。你没有说你看的是叶先生哪一本书，我也就无从知道你读了叶先生哪几篇文章。

我明天再来给你谈"大道至简"。

父亲

2017 年 5 月 14 日于庐州太阳海岸

020

晏齐：

　　你好！

　　你说想听叶嘉莹先生讲座，最简单的方法自然是看视频，你可以网搜一下。第二个方法是鼓动你们学生会并向校方建议，正式邀请叶嘉莹先生来西安外国语大学做讲座。第三个方法是从南开大学获悉叶嘉莹先生授课时间，然后直接到天津南开大学去听叶先生讲课。你也可以把自己的阅读所得写信给叶先生，表达你的景仰。叶先生不大可能会回复，但她看到有学外语的学生喜爱她的书，她一定很高兴。这几点我都支持你去做，不要在乎去天津南开大学的路费，或者顺访你在天津的同学，都是好事。

　　上周审查一本《杏花村志》，点校者连基本的文史知识都没有，却冒充内行，闹了许多笑话。这本书可谓错漏百出。此书系清初贵池杏花村居民郎遂所编，其中还涉及我们沈家先人沈昌（他就住在晏塘我们老家，是一位"不乐仕进"、归隐梅山的高人，是杜牧之后，最早在诗中提及杏花村的人）。对这样一本乡邦文献，民国初年的贵池籍人士刘世珩（他是著名藏书家、刻书家）曾百般搜罗，找到后又影印出版。

上周五我得知你奶奶血压升高，收缩压超过200毫米汞柱，所以周六早晨五点半起来，打车到合肥南站，坐动车回池州，回家后带奶奶去晏塘街上看医生，测量血压却已恢复正常。随后我陪奶奶在晏塘买上衣和布鞋。周日早晨我又五点半起来，骑电瓶车带着奶奶去晏塘，再次空腹测量血压和血糖。血压再次正常。后来陪奶奶逛街，买菜买早点。回家路上又带着奶奶去了村部医务室，再次测量血压，也是正常值，我这才放心。于是上午回到你外婆家吃中饭，下午坐车回合肥。本来我是做好准备，如果奶奶血压不恢复正常，我是要带她到池州市医院看的。

所以我本来预计5月15日给你写电邮谈"大道至简"，这样一折腾，今天才挤出时间来。当然这些天我一直在思考这个问题。我觉得你很敏锐，能通过自己的阅读和观察得出这么一个感悟——万事万物经过无数的测试、锤炼和挑战，都会回归原初的简单质朴状态——这是好学深思的体现。好好保持这一份"好学深思"，这是你不断前进的源泉，也是你不至于堕落的保证。

"大道至简"，这是一个非常深奥的论题。我在《义理高考据精辞章大——评罗韬〈半半集〉》（http：//www.aisixiang.com/data/104294.html）一文中曾解释"易简之学"："'易简'二字当源于《周易·系辞上》：'乾以易知，坤以简能。易则易知，简则易从。易知则有亲，易从则有功。有亲则可久，有功则可大。可久则贤人之德，可大则贤人之业。易简而天下之理得矣。''易简'并非容易、简单，而是至易至简。天下大道，至易至简；富有日新，可大可久。

陆象山诗句'易简工夫终久大',其'易简''久大'都出自《周易》。"所谓"天下大道,至易至简",就是说,天底下最根本的道理,是最极致的简和易。但是这个"至简",是经过"至繁"而来;这个"至易",也是经过"至难"而来。也就是说,必须经过对万事万物纷繁复杂的分析综合和概括,然后才能达到"至易至简"的境地。"至繁归于至简"(Simplicity is the ultimate Sophistication),这句话据说出自爱因斯坦之口,后被乔布斯(Steve Jobs)作为苹果公司的产品理念。请注意,"至简"不是最初的简易,而是经过"至繁",最终的"繁"(the ultimate Sophistication)才是"至简"。这里的"归"字也不要轻易放过。至简是一种回归,从"简"发展到"至繁",再回归到"至简"。

苏轼《与侄书》中说:"凡文字,少小时须令气象峥嵘,彩色绚烂。渐老渐熟,乃造平淡。其实不是平淡,绚烂之极也。"这个意思被宗白华先生归纳为"绚烂之极归于平淡"(宗先生是另一个安徽籍美学家,他的《美学散步》也是美学经典的入门书)。苏轼这是在讲写文章的诀窍。实际上任何人写文章,一开始是"平淡",然后尽量用华丽辞藻,此即追求"绚烂",而"绚烂之极"乃是更高的"平淡"。所以我们可以看到写文章的人实际有三个层次,一辈子只能写平淡无奇的文章的人;一辈子能从平淡迈向绚烂,能写得出华丽辞藻的人;只有真正的文章高手,才能从"平淡"趋于"绚烂"再达到"绚烂之极的平淡"。平淡—绚烂—绚烂之极的平淡。"绚烂之极的平淡"不是简单的"平淡",它不是在低层次上的回归,而是在更高更深层次上的返本开新。

上面说了宇宙的大道，又说了写文章的层次，我们再来看一个参禅的著名话头。唐代禅宗大师青原行思（禅宗六祖慧能大师门下首座，即大弟子，是禅宗七祖）提出参禅的三重境界：参禅之初，看山是山，看水是水；禅有悟时，看山不是山，看水不是水；禅中彻悟，看山还是山，看水还是水。我感觉青原行思就凭这句话也应该被称为"大师"。大师讲话就是直指本心，一针见血，而且用语浅显易懂。这也可以看作是"大道至简"的体现。因为他讲出了一个非常深奥的道理，用的却是最简易的话语。试想，如果一个人一直保留在"看山是山，看水是水"的层次，如果他没有经历过"看山不是山，看水不是水"的阶段，他能最终达到"看山还是山，看水还是水"的境界吗？"看山还是山，看水还是水"表面上看是一种回归，但是他的眼睛已不是原来那个"看山是山，看水是水"的眼睛了。

最后我想引一个哲学家的论点。这就是德国古典哲学集大成者黑格尔的辩证法。黑格尔把事物辩证发展过程中所体现的根本原则叫作"绝对精神"，这个"绝对精神"就是"肯定—否定—否定之否定"三段论。这个"绝对精神"的说法虽然有点玄乎，可是也可以理解为我们中国人所说的"大道"，亦即宇宙的根本原理。他打比方说，一粒麦子一开始只是麦粒（肯定）。但是它包含着突破自我、否定自我、长成麦苗的因素；当它真的长成麦苗时就不再是麦粒，而是成为麦粒的对立面（否定）。最终麦苗成熟结种，产生新麦粒。新麦粒既不是原来的麦粒（肯定），也不是原来麦粒的对立面麦苗（否定），而是麦粒和麦苗结合的产物（否定之否定）。一开始的麦粒，体现的是麦粒的特点，它是对于麦粒的"肯定"；从麦粒长成麦苗，麦苗就具有了自己的特点，它是对于麦粒特点的"否定"；麦苗最终结出新的麦粒，这个新麦粒又具有自己的特点，它是对于麦苗的"否定"，所以是"否定之否定"。这就告诉我们，"否定之否定"（新麦粒）虽然在表面看来，跟最初的麦粒（肯定）相似，但是它绝不是原来的麦粒，所以"否定之否定"看似是对于"肯定"的回归，但是它是在更新的意义上的回归。黑格尔之所以拿麦子作比喻，这是因为耶稣说："我实实在在地告诉你们，一粒麦子不落在地里死了，仍旧是一粒。若是死了，就结出许多籽粒来。"（《约翰福音》第12章第24节）

由此我们看到，你所说的"万物经过历练再回归原初"，其实是在无意中揭示出一个根本的道理，此即中国古人所谓的"大道"，也即黑格尔所说的"绝对精神"。你能够自己有所感悟，我很高兴。这种返本归根，其前提是从本根出发，中间经过历练和战斗，甚至背离了本根否定了本根，最后再返归本根，这最后的返归本根实际上是一个开新的本根。既然这是一个"大道""绝对精神"，一个宇宙的"终极法则"，我们就应以之来指导我们的人生。我常说，人应该谦虚，但年轻时不妨狂放，最终再回到谦逊。我曾说，要养成自我，在养成自我的过程中，也不妨打破旧有的自我，在更高的层面上养成新的自我。而且我要进一步说，这种"肯定—否定—否定之否定"的终极法则在一个人的成长过程中是不断"轮回"进行的，生命不停止，它就不应有终结。所以一个不断更新的生命，一定是一直在不断地"肯定—否定—否定之否定"的。从小的角度看，此阶段可能是"否定"，但从大的角度看，它又可能是"肯定"，甚至从更大的角度看，它是"否定之否定的否定"。生命不断更新，生命才不断丰富，生命才不断完满。

　　这个宇宙的"终极法则"，不仅是理论，更是实践。边学边做，才能深入理解，边做边学，才能有效践行。你在今后的人生中慢慢琢磨吧。

父亲

2017 年 5 月 23 日于庐州天鹅湖畔

021

晏齐：

你好！

昨天《文学报》给你寄来稿费单（300 元），这是你迄今为止拿到的最大的一笔稿费。《文学报》现在稿费真不低。我前些年曾在《文学报》发过文章，那时千字才 100 元。按照我之前所说，我愿意给你的稿费配套十倍的金额（亦即 3000 元），交由你个人支配，所以我要祝贺你一下子有 3300 元自由支配的钱。

我知道你近期在准备期末考试，我想提两点要求。

一是确保进入英文学院。这一点我对你完全有信心。之所以再提一下，是提醒你不要掉以轻心，做必须要做的事就要"确保"。

二是对你的成绩提出更高要求。我之前的电邮已分析过，你完全有实力进入班级更好的名次。我觉得你天性散淡有余而进取不足，这并非全是坏事。然而正如我一再说的，人在年轻时不妨多一些进取而少一些散淡。这个社会大环境过于强调积极进取，其实我很鄙视一味追求成功的人。对那种特别热衷功名利禄的人，我倒要泼一瓢冷水。而对于你，我需要不断激励你，为你加油提速。这就是所谓的"因材施教"。

　　我常反思，是否我散淡的生活态度对你有不利影响。然而我本质上虽然并不汲汲于功名，但我并不是消极无为的；我是在进取中有散淡。我这样说并非故弄玄虚。我觉得我的态度正是老子所言的："生而不有，为而不恃，功成而弗居。"我不是为了结果而去做，我是做了自然会有结果。你知道，我根本不追求所谓的职业成功，但是今年以来，我所责编的《戏曲表导演研究卷》《鲁彦周评传》、参与责编的《昆曲艺术大典》相继获得"中华优秀出版物奖提名奖""十佳皖版图书入围奖"和"中国出版政府奖"。我当然不是为了这些奖项而去责编图书，但是我既然责编了许多图书，总会有我责编的图书获得奖项，这是必然的。

　　另一方面，我倒不是特别在意你的成绩和名次。我想你能挤出时间读书且有所感悟，这其实比仅仅取得好成绩更让我高兴。我之所以要对你的成绩提要求，是因为我觉得你有潜力。我最不能容忍的是对自己的生命力不加以全力开发的行为，我认为这种对自己智力和潜能的"浪费"或"闲置"是对自己的最大伤害。物尽其用，人尽其材，充分挖掘和开发自己的才干，这是对自己生命负责的体现。你只有做了，你才知道能做到哪一步。做自己的最好，做最好的自己，"自强不息，止于至善"，这八个字我再一次赠给你。

　　我对你的分析和定位——散淡有余而进取不足——是否符合事实，这需要你来验证。如果你认为自己已经做到了自己的最好，那我也不会苛求你。

　　最近比较忙，我这封电邮中的一些想法我稍后还会跟你讨论。我也需要得到你的反馈。今天下午我要带着你表哥去住宾馆，他的高考考场在 168 中学。我想起去年今日带你去十一中参加高考的情景。

父亲

2017 年 6 月 6 日于庐州天鹅湖畔

022

爸：

我的一个室友喝酒醉了，才回宿舍，勉强爬上床又摔了下来。平时酒量很好，今天喝了两箱啤酒，两瓶白酒，哭了。他今天去见一个高中时候很要好的女生朋友，他高中谈恋爱，和别的女生都不来往了，因此和这个女生也疏远了很多。

但是今天见面，那个女生上来直接给了他一个拥抱，他很感动，又很难过，觉得对不起人家。他自己在上学期期末和女朋友分手了，他俩谈了高中三年，分了。我现在很难过，爸爸，因为我不知道怎么安慰他，他已经在地上睡着了，我们给他用被子裹了起来，他还在咳嗽。

我心里很难受，我不知道该和谁说，就全发给你了，这大概是我第一次和你谈一些我心底的事情吧。你也知道，我几乎很少和你跟妈妈讲我真正在意的事情，或许这可以看作一个开始，因为我的确遇到我不能解决的事情，而且是越来越多。

晚安，爸爸。

晏齐

2017 年 6 月 28 日 1：46：39－1：55：12 QQ 留言

023

晏齐：

你好！

你今天凌晨近两点 QQ 留言我是早晨七点多看见的。我想给你打电话，又怕你正在睡觉，而且电话一时也说不清，我还是给你写电邮。

我一直想着跟你谈谈关于爱情，这是一个必须面对的人生课题。因为我也没有想好该怎么和你谈，所以一直在等一个机会。我想不到这个时机来得这么快，我也只能把我并不成熟的想法告诉你。人一开始总会觉得自己是万能的，你现在能认识到自己有"不能解决的事情"，其实正说明你已经长大，所以我相信你反而能解决一些事情。在有些时候有些事情上我也无能为力，可能你觉得我遇到这样的事情比较少，那是因为你没有看到我的全部。只是因为我通过读书知道这世上的许多事理，虽然我没有亲身经历，但我已经间接见识，所以好像显得比你"能"，仅此而已。我就作为一匹识途的老马来为你指指方向吧。

你看到你室友的烂醉如泥和痛不欲生，所以心中难过，我完全能理解你这一份恻隐之心，恻隐之心是一个人和一个动物的分界线。你所说使我想到两句话。

一句是"酒不醉人人自醉"。你的同学并不是酒量不行才醉的。他是因为心中苦闷，他自己已经先"醉"了，他才喝酒的。他是"醉"在先而喝酒在后。所以纪伯伦有一句名言说："有的人喝酒是为了求醉，有的人喝酒是为了从醉中醒来。"你的室友是想从"醉"中醒来才喝酒的。其实这是一种逃避。通过醉酒来麻木自己，并不能解决问题，最终还得清醒面对。

另一句是"爱莫能助"。你说你遇到了不能解决的事，其实我们每个人，无论强者或者弱者，都会遇到一些或某个不能解决的事。有些时候因为这些事与我们不相干，所以我们就忽视了。一旦这个事与我们紧密相关，而我们又出不上力，我们就会体会到"爱莫能助"的痛苦。你为你的室友悲伤难过，可是你感到无能为力，你为自己的无能为力而更加难过。可是我想告诉你，你今后的人生中将遇到更多的"爱莫能助"，这是一种考验。古人云：为学不易，做人实难。你表哥参加高考，我恨不得自己替他下考场，可是这个明眼人一看就知道没办法，所以我不能替他下考场我也不特别难过。但是如你所见室友那个情形，你觉得你可以有所作为来帮他，实际上你帮不了他，"爱莫能助"的感受会更深。当老太太——就是你外婆的妈妈 2000 年弥留之际，我们明知她将离开我们，可是我们只能眼睁睁地看着生命从她身上一点点流失，除了悲痛别无他法。我这样说，你也不要恐惧人生。我只是想说明，人生中有些时刻，总会遇到有些时刻，我们除了默默面对和接受，别无更好的办法。但是我们可以通过阅读知道更多人，伟人也好，凡人也好，圣人也好，俗人也好，都不得不面对，我们会增加一份坦然和安然。见识过总比不见识要好，哪怕是间接见识也比不见识好，比如通过读书这样的方式间接见识，所以我说要多读书。

现在再回到"爱情"上来。你的室友因为爱情问题，而痛苦不堪烂醉如泥。这就要用到古人的一句话"英雄难过美人关"。我想把这句话修改一下。因为这句话是从男性的角度来说的，其实女性同样面临爱情问题，所以我把它改成"人人难过爱情关"。那么中国古人是如何渡过这一关呢？

在中国古代圣贤那里，"爱情"是被压抑和遮蔽的人生课题。《诗经》中的第一首诗"关关雎鸠，在河之洲"，本来是一首爱情诗，却硬是被儒家学者们解释为歌颂"后妃之德"，简直可笑至极。然而这正是中华文化的一个大关节。在古典圣贤那里，没有爱情这一说。古人也不谈恋爱。到了一定年龄，就由父母指定婚配对象（所谓父母之命媒妁之言），然后结婚生子，传宗接代。古人的做法是有婚姻而无爱情。据我猜测，古人之所以压抑和遮蔽爱情，其理由应该是，爱情是最能搅乱心神的一种超自然的神秘力量，一个年轻人非常容易陷入爱情中而不能自拔，学业功名全然不顾，甚至某些帝王连江山也不顾，而被爱情所左右。在古人看来，为了一个女人而抛弃学业、功名、江山、国家，这是何等狂悖和胡闹的事！真正是大逆不道！既然这件事人力难以控制，所以最好是遮蔽它。这就是古人说的"不见可欲"。不见那些可以引起想法的东西，也就不会产生那些想法了。其实古人的做法实在是自欺欺人的。当然它也起到一定的作用，所以古人拼命鼓吹"红颜祸水"论，其实它就是压抑爱情遮蔽爱情。你看中国的正史，也就是通常的二十四史是不会论及爱情的，政治、经济、战争、法律、文化，二十四史会涉及社会生活大的方面，然而不会写到爱情。伟大著作如《史记》，也没有一笔涉及爱情。在这个传统文化的大背景下，你才会认识到汤显祖《牡丹亭》的伟大，汤显祖写爱情，爱情可以令人死，爱情也可以令人生，"似这般花花草草由人恋，生生死死随人愿，便酸酸楚楚无人怨"，他从中突围出来，启发了后来的曹雪芹，写出了突破数千年历史文化传统藩篱的《红楼梦》。我之前已专门为你购买一册《红楼梦》，你暑假回来可以读。

我们今天当然不能学古人，因为害怕爱情的破坏力量，就去避免面对爱情。古人只认识到爱情的坏处却并未认识到爱情的好处，因古人未认识到爱情有某种激发人成全人的力量。上帝造人是神奇的，他分男女是有用意的。《圣经·旧约》中的《雅歌》就是一首伟大的爱情诗。当然基督教传教士学者们也硬是把这首爱情诗解释成信徒献给上帝的悟道诗，由此也可见东西方人类历史上的心理有某种相同处。不过欧洲毕竟有文艺复兴这样一个人性觉醒的时代，所以西方人在这一点上走在中国的前头。西方有专门研究爱情的著作，我曾读过瓦西里耶夫的《情爱论》。也有研究性心理学的著名宗师弗洛伊德，当然弗洛伊德把一切都解释为性，我并不赞成，因为弗洛伊德太偏激了。他的《精神分析引论》如今已成为学术史上的名著。我倒是觉得英国的性心理学家霭理士是一个更通达的学者，他的《性心理学》是由我国著名学者潘光旦翻译的，你可以找来看看。我觉得霭理士比弗洛伊德更符合中道哲学。

　　我想把爱情比喻成灵感，它们不知何时会来；一旦来临，就会以压倒一切的力量控制整个人。在目前高考的前提下，爱情对高中生这个年龄段的杀伤力特别大：越是压抑，越容易爆发。幸好我当年读的是中等师范，我在中师最后一年的最后一个月（也就相当于高三的最后一个月），不可救药地爱上了一个女同学，可是我又不敢表白。这就叫单相思吧。最后一个月基本上无心学习。我说"幸好"，是因为我们中师生不用参加高考，是直接分配工作，我的"单相思"不会影响我的学业，也没有影响我的毕业分配。但是这个单相思的后果是相当严重的，它影响了我之后将近八年的精神生活。由于我被分配到农村小学任教，我所接触到的同龄人的文化层次很低，我会把别人为我介绍的女性和我以前爱上的女同学相比，她们根本进入不了我的内心。所以你祖父和祖母对我的婚事很着急。他们和其他人（包括你大姑等人）担心我找不到妻子，而我又不能跟他们说我的心事。所以从我中师毕业的 1987 年到 1995 年，我的内心是极为苦闷的。因为在学校时，我从未向她表白过，所以她并不知道我爱她。毕业后她分配到城里工作，而我在乡下工作，我觉得自己配不上她，我更不会跟她表白。所以在这八年中，我只能说读书救了我。而我读书又主要是读文学书，所以也可以说是文学做了我的朋友，在我最孤独苦闷时给我慰藉和支撑。1995 年我写了一首诗《访旧》，精神上才从单相思中走出来。到 1996 年 9 月，我遇见你妈。幸好是 1996 年，如果早一年遇见你妈，我没有从单相思中走出来，我极可能还没有谈恋爱的能力。那她就不是你妈了，也就不会有你了。

你还记得八中的李某同学吧。他爸告诉我，他自己当年高三时，本来老师是指望他考上中科大的，可是他在最后一学期谈恋爱了，最后只考上了一个二本性质的学校。所以老李对小李同学说，我不担心你的学习，我就怕你谈恋爱。最终小李同学没有谈恋爱，如愿考取北大。这个是防范成功的例子。据说你高三最后一学期也是因为谈恋爱影响了高考成绩。我说"据说"，是因为我对此没有求证，所以我不敢下绝对肯定的断语。但是我可以说，你表哥这次高考失利，完全是因为最后一两个月谈恋爱分了心。仅仅因为我认识到"爱情"具有一种异化的、专制的强制力量，所以我才不想严厉批评他，但是我必须说，这是不幸的"爱情"。这已经影响到他填志愿。因为虽说今年安徽省合并二本、三本填报，他的成绩（理科 425 分，列全省 135670 名）超过二本分数线（413 分），实际只能上往年的三本学校。这个"爱情"来得不是时候，对你表哥来说只能是悲催的。我当时听老师说你表哥谈恋爱时，我就警告他不要因此事分心，影响高考成绩。然而"爱情"的力量何其巨大，我的警告何其微弱，你表哥是防范失败的例子。当然我的说法未必准确，你表哥肯定也不愿承认。所以我觉得高中生这个年龄段，运用古人压抑防范爱情的手段，应该还是必要的。因为高中生阶段的青少年，根本对"爱情"无任何免疫力，一遇"爱情"，必被融化。

然而"爱情"在人生中自有它不可替代的价值，只是需要合适的时间。大学阶段就是一个"合适的时间"。我上面说了，"爱情"有某种激发人成全人的力量。我如果不和你妈谈恋爱，我不会自考专科本科，也不会考硕士。因为我当时是中师生，在小学任教，家在农村。你妈当时是大专生，在中学任教，家在城里。按照中国人的恋爱婚姻习俗，男的条件应该比女的好才是正常的。而我和你妈的情形正好相反，你妈条件比我好，这对你妈来说无形中有压力。所以我在很短时间内相继取得自考专科和本科学历，然后又继续攻读硕士学位。这不就是很明显的爱情的力量吗？虽然我本来并不在乎人们怎么看我，我也不在乎我的小学教师地位；但是我不希望人们以一种奇怪的眼光来看我的妻子，我不想让我的妻子受到世俗的压力。为了我的妻子，我得拿出我的能力来向社会证明我值得你妈爱。再以但丁为例，如果不是他对贝雅特丽齐的爱情（虽然很不幸，他们没有结合为夫妻），我相信世界文学宝库中不会有《神曲》的出现。我举我自己和但丁的例子，并不是把我和但丁相提并论（在但丁这个文学巨人面前，我就是个矮子），而是从普通人和文学大师这一平凡一神奇的两个角度来说明，爱情具有激发人成全人的力量。至于说到最善于描写爱情的文学作品，我觉得这样的文学经典数不胜数，不过我向你推荐法国作家司汤达的《红与黑》。我常说文学史上有"双红"：中国的《红楼梦》和法国的《红与黑》。

我把我的看法总结一下。一是遇到任何事，任何无法处理的事，都不要采取鸵鸟政策，不要靠酒精麻醉自己。因为酒醉并不能解决问题，酒醒之后还得处理。二是人生中总会遇到一些事，我们只能"爱莫能助"，只好束手无策地默默面对和安然接受。在这种时刻，我们只能承认人类的渺小。三是日光底下并无新事，你认为是第一次遇到的事，其实是前人早已经历过的事。正如歌德所言："凡是值得思考的事情，没有不是被人思考过的。"人是一种社会动物，可以从他人对待相同事情的做法上汲取智慧。所以读书破万卷，万事了于胸。四是"爱情"是双刃剑，在不合适的时段来临是毁灭你，在合适的时段来临是成全你。当你的心智成熟到一定程度，爱情就不会损伤你毁灭你，反而会激发你成全你。

这些道理你不可能一下子全部领会，但是就如同我们第一次到一个陌生的地方，虽然我们不可能领略这个新地方的全部，但是当我们下次再来这个地方，我们就不再有陌生感，就会加深对这个地方的理解。小伙子，学问和人生是同时摸索的。不急、不怕、不慌、不懈，踏踏实实前进。

父亲

2017 年 6 月 28 日于庐州天鹅湖畔太阳海岸

024

爸：

　　期末考试结束，大家集体聚了几次，没找到什么合适的时间来写邮件，本来也是打算今晚写的，简单聊一下最近的感想。

　　英语实验基地的日子正式宣告结束了。这一年里其实英语并没有学到多少，电脑操作倒是非常在行。电影、海报、PPT，各种类型的都尝试过，最终还是觉得蛮有意思的。最后班级聚餐，也可以明显看出来大家都没有什么留恋。我们班、隔壁班最后的班聚，都是只凑到二十人左右，大家对这里好像都没有什么过多的留恋，每个人都有自己的事情。这大概也是大学生，或者说社会人的特点吧。

　　在等待出成绩和放假这几天，我也在思考这一年带给我的变化和意义。我觉得我学到的最大一点是如何安排自己的时间。大学很宽松，作业却几乎和高中一样多。这就要求我在自制的同时也要有安排能力，合理安排时间，做好自己的事情。在宿舍和日常生活方面，我倒是没有遇到太大的问题。我现在很感谢高一上学期住校的经历，虽然过去几乎三年，那半个学期的住宿生活着实给了我很多经验和帮助。我和这个142宿舍的其他五位同学也结下了很棒的友谊，从他们身上学到了不少东西。虽然不知道下学期会不会分宿舍，但我依然会留恋这段美好的时光。

　　关于爱情，室友的事情给了我很大震撼。虽然以前他也有过类似的情绪，但这次借着酒劲，发挥得淋漓尽致，让人看了很痛心。我不能多说什么，因为我没有经历过别人的痛苦，我也没有什么资格去谈论爱情。但是我总觉得书上的爱情不能和现实比较。这是天差地别的经验，没有亲身体验过是不能说出这种感觉的。因此你叫我多读书，从书中学习阅历和知识，这的确在闲时大有裨益。但真正面对爱情的时刻，书本真是显得单薄而又无力，就像那天晚上我只能看着他哭泣。

　　华山之行其实没什么好说的，特别累，中途差点倒下，腿到现在还疼。主要是和朋友一起的感觉很爽。自己也很久没有这么拼命过，像是回到了初中，体育中考那天我也是这么不要命地跑。征服华山是一件很自豪的事情，我也觉得这次出行对我来说是一次深刻的记忆。

　　其他的事情等我回来再说。说实话，我现在非常想回家。室友一个个地走了，我是我们宿舍倒数第二个走的。这一年，我觉得很充实，很满意。

　　祝好。

沈晏齐

2017 年 7 月 3 日

025

晏齐：

你好！

前几天你和我们通电话，我还和你妈说你想家了，虽然你电话中没有表示这个意思。看来我的估计是对的。想家的原因，一则在于你在学校还没有找到志同道合的朋友；二则毕竟你和我们常生活在一起，突然长时间分离不大适应，好在过几天就可以回家。而且你说高一上半年的住宿生活很有用，这也说明我当时支持你住宿的决定之正确，让我小得意一下。

我之前电邮（2016 年 10 月 18 日）中曾说起过，求学阶段是不断"分流"的过程，是朋友不断分化的过程。所以你一时未找到志同道合的朋友，非常正常。而且你们现在同学情谊淡薄，这都是必然之事。我好像记得有谁说过：一同笑过的人，不久就会忘记；一同哭过的人，才会铭刻于心。没有共同的喜怒哀乐，怎么可能产生真正的友谊呢？而且"志"同"道"合的朋友是非常难得的，有点孤独感也未尝不好。

我 7 月 1 日让你转发我所写《说群驱与孤往》，不知你细看没有。其实我想说的是，人世上有许多人随大流（群驱），只有少数卓越之人才能不走寻常路（孤往）。通常情况下，我们当然要随大流，比如大家高考上大学，这当然得随大流。我是认为在群驱的前提下，如何保持"孤往"精神才是重中之重。如果无论何时何地何事，都群驱而动，则必然落入人后。大学阶段应该培养自己的"孤往"了。

你说书本面对现实时，显得格外"单薄而又无力"。我觉得你所说并不是不正确，而是你没有领会我的意思。当时你面对你的痛不欲生的同学，当然觉得书本空虚而又无力。如果那天晚上我面对他，我可能也同样爱莫能助，也只能看着他痛哭，但是我不会像你那样痛心疾首。其原因并不是我比你冷血，而是因为我通过读书和阅历知道有一些人生的时刻，别人不能帮他，只有他自己独自面对独自扛着受着。现在我们假设一下：如果你已经读过我上一封电邮中说过的《红楼梦》《红与黑》《情爱论》《性心理学》和更多的书，你在面对你的痛哭的室友时，情绪上的反应会跟你现在一模一样吗？或者我们换一个角度来假设：如果你仅仅是个初中生，毕业后不再读任何书，而是去工厂做工，年龄也达到你现在的程度，你遇到一个同车间的室友为了爱情而痛哭，你情绪上的反应会跟你现在一模一样吗？

书本当然不能代替现实，读书更不能取代阅世。当然在比喻的意义上，读书也可以理解成读人生之书，阅世也可以理解成阅书本之世。我在上一封电邮中说"学问和人生是同时摸索的"，并不是对于读书和阅世有所偏重或偏废。应该说现实印证书本，书本补充现实。也不妨说现实丰富书本，书本指导现实。尤其学文科的人，现

实就是一本大书，书籍就是一个世界，两者是无法截然分开的。我
常说，学理科的人没有老师指导无法成才，学文科的人可以自学
成才。

　　我以为文学作品与现实的关系有几种情形。一种是模仿现实。
对这一类作品，我是非常瞧不起的，它们连新闻报道都算不上。大
多数模仿现实的作品且多是现实政治的应声筒，或者是政策的宣传
品。一种是反映现实。文学批评中常说，文学是现实的反映，我也
不是很欣赏这种"反映论"的文学作品。因为文学作品无论"反映"
到何种程度，都不可能真实完整全面地反映现实。也就是说，总有
某种现实是文学作品"反映"不出来的。一种是超越现实。我觉得
卡夫卡的作品就具有超越现实的品质。举例来说，一个人变成虫
(《变形记》)，这在现实中无论如何不可能发生，但是卡夫卡写来却
让读者超越了现实的层面(读者不会傻到问：人变成虫，这是真的
还是假的)。我认为这类作品因为深刻揭示出现实的本质而超越了现
实的表象，所以它能给读者提供更多的思考和反省。一种是创造现
实。我认为博尔赫斯的一些小说就具有创造现实的本领。在他的文
学世界里，博尔赫斯创造出一个文学世界取代了我们所生活的现实，
这件事是非常神奇的。当然许多阅读文学书的人，只能进入第一个
模仿现实或者第二个反映现实的文学作品中，他们无法理解和欣赏
属于超越现实和创造现实的文学作品。我希望你能由模仿现实、反
映现实的文学作品起步，逐渐进入超越现实、创造现实的文学世界。
还需要补充的是，我这里的划分是很粗线条的，其实真正好的作品
是包含着模仿现实、反映现实、超越现实、创造现实的各个成分的，

　　且每一部作品所含有的成分程度也不等。比如《红楼梦》，我们常说它反映了封建社会末期的现实，可是我们也说它超越了它的时代。也就是说，某一作品在反映现实时，也有内容是超越现实的，我只是为了言说方便才硬性划分的。但是既有划分，每类作品的侧重点还是有差异的。

　　往大里说，史学记录世界，文学反映世界，哲学概括世界，科学解释世界。它们都不同程度地改变着世界。承载人类智慧的书本已经无形中成为这个世界的一部分，我们又何必人为地区分何为世界何谓书本呢？

　　我让你把爬华山的经过详细写一下，就是要看看你的心理起伏过程。你说值得记忆，我想看到如何值得记忆。你把沿路的风景、爬山的艰辛和同伴的激励结合起来写。

　　这两天既然很空闲很自在，不妨多想想多写写。

父亲
2017 年 7 月 4 日于庐州天鹅湖畔

026

晏齐：

你好！

关于你的大一学业情形，昨天在 QQ 上已交流过，但我还是让你写了一个书面总结。总结总体上思路清晰，表述清楚，优缺点分析到位。如何通过书面语言，概括所经历的或所见识的事情，是很重要的能力，希望通过持续训练，不断强化你的书面表达能力。

我先从一个编辑的角度，对你的总结提几个字词上的改正意见。(1) 你的题目是《大一学年学业分析与规划》，应改成《大一学业分析与大二学业规划》。照你原有的题目，会使人误以为你是要对大一进行规划。(2)"给到足够的重视"应改为"给予足够的重视"。(3)"我打算在大二毕业前"应改为"我打算在大二结束时"。比方说，我如果作为语文老师，对你的这个总结本来可以打 90 分，但由于你这三个表述不当，则只能打 85 分。所以看起来细小的部分，实际上会影响总体成绩。一两个细节不会决定成败，但是量变引起质变，每一门功课的一两个细节偏差，最终会导致你的整体失利。

以下我再大致归纳和补充一下我昨天 QQ 上的说法。

（1）英语实验基地共有 855 名学生，你此次排 292 名，而英文学院招收 390 名，所以你进入英文学院"已成定局"，至少达到了我们初定的目标，值得肯定。你昨天在 **QQ** 上说："我收回我之前说的话，我之前觉得西安外国语大学没有高手，但现在我发现西安外国语大学依旧是高手如云的，至少英语水准当年胜过我的人太多，不仅仅是卷面成绩，还有口语、表达、书写全方位的强者。下学期进入英文学院后，我一定努力学习，成为英语方面真正的强者，这是我在看到排名后的心得体会。"所以我在 **QQ** 上说："我早说过，西安外国语大学肯定藏龙卧虎，只是你没有机会见识罢了，能认识到不足也是好事。人是社会动物，你只有与他人比较，才能认清自己的位置。"

（2）在整个"英基"，你的名次约为前三分之一（292/855）；一旦大二分流后进入"英文"，你的名次则排到前四分之三（292/390），所以相对差距较大。然而我们也应看到，虽然你名次比较靠后，但是距离第一名总分数差距并不大（第一名 2218 分，你 2037 分）。大一学年所开课程相当于 24 门课，而你与第一名的总分差距是 141 分，就是每门课相差 5～6 分而已，所以绝对差距并不突出，也就是说，我们既要认识到与高手有差距，但也要看到这个差距并非不可逾越。因而我认为你定下大二期末"进入英文学院前百分之十"的目标完全可以实现。我昨天在 **QQ** 上提出两点：一则提升实力，二则完善细节。这两点必将助你达成愿望。

（3）关于逃课和作弊。我一直不是循规蹈矩的好学生，而且我觉得大学阶段有几次逃课的经历也是一个值得回忆的"雅"事。当然我这么说，并不是鼓励你无原则地逃课，尤其你们学校将考勤计入平时成绩，那还是不必牺牲成绩来制造今后回忆的资本。虽然我对你们学校那种考试方法持保留态度，但我还是警告你，不要触碰"作弊"的底线。事实上在中国，几乎每一个学生（小学生、中学生、大学生、研究生），都会有一次两次"作弊"的经历，也是人生中值得言说的"趣"事。然而我的想法，还是必须平时提升基本功，别人作弊是别人的事，我不能因为举世混浊而我也混浊。

（4）你对大二的总体规划我是认可的。我尤其高兴你说要在学院规定阅读书目外再增加 40 本英文书籍，这是很难得的。一开始阅读英文书籍肯定很慢，但越到后来会越快。这跟阅读中文书籍是一样的，坚持下去就好了。学英语没有大量阅读打底子是绝对不够的。你的综合英语成绩不高，说明你实力上是有欠缺的。大二通过专四考试，我感觉你的难度在突破词汇量。单词必须有意识背诵，如果有人认为上了大学不用背单词，那必是错误的想法。同时我建议你把考取雅思 7.5 分的目标定在大三上学期，但是在大二下学期末可以报考一次。如能达到 7.5 分，更好；即使达不到 7.5 分，也不算没有实现目标。

（5）其实你还有一个优点，但是你没有认识到。这就是你对于文学的感悟力和语言的表达力。虽然我不知道你的 peers 到底有多少人超过你的感悟力和表达力，所以我没有把握说你一定比别人强；但是我可以说，只要你不断磨砺自己的文学感悟力和语言表达力，即使暂时在考试成绩上不能使你超过你的 peers，将来一定会使你脱颖而出。这个优势要在以后才能看出来，比如当年我的多名硕士同学考试成绩高于我，但是在实际写论文时，他们就比我"稍逊风骚"
了。所以你说暑假回来和我商议中文书目，我也认为很有必要。中
文英文，必须齐头并进；毕竟都属于语言类，中文水平高了，也无
形中对英文水平有帮助。

祝你一切顺利！

父亲

2017 年 7 月 6 日于庐州天鹅湖畔

027

晏齐：

你好！

我这几天把《德米安：埃米尔·辛克莱的彷徨少年时》看完了，无疑这是一本成长小说。我觉得它在黑塞作品中并不是优秀之作，但是它赢得广大读者，就因为它揭示出一个人如何成长的主题，所以受到青年读者的喜爱。

一个成长中的少年，非常容易走上非白即黑、非此即彼的认识误区。辛克莱的少年彷徨就在于他人为地把世界分为两个：光辉世界和黑暗世界。流氓恶棍克罗默和精神导师德米安其实就是少年辛克莱所划分的两个世界的象征。因为辛克莱厌恶克罗默，他就已经具备自救的前提；因为辛克莱景仰德米安，他就已经具备超越的可能。然而作为一个成年人，我就不会把世界这么截然分成两部分，我会觉得世界在这两者之间有很多种可能性，而且我认为既不存在没有黑暗的光明，也不存在没有光明的黑暗。圣人也是穿越平凡而升至伟大的高空，恶魔也是背离常人而滑向罪恶的深渊。

我这样说，固然是告诫你，我们勿因恶小而为之，因为恶魔也是一步步造成的，也是积小恶而成大恶；同时也告知你，成功必因积小善而成大善，所谓"积土成山积水成渊"。而且在成长的过程中，我们也不必害怕犯错，犯错其实正是成长中的另一种向善，正如迂回的后退也正是另一种前进。我想起傅雷的一段名言，是他为翻译《约翰·克里斯多夫》而写的《译者献词》："真正的光明绝不是永没有黑暗的时间，只是永不被黑暗所掩蔽罢了。真正的英雄绝不是永没有卑下的情操，只是永不被卑下的情操所屈服罢了。所以在你要战胜外来的敌人之前，先得战胜你内在的敌人；你不必害怕沉沦堕落，只消你能不断地自拔与更新。"人性何其丰富复杂！辛克莱最终能战胜他心中的黑暗和卑下，最终能从沉沦堕落中逃离出来，是因为他不断地自拔与更新。所以我喜欢有凡性的圣徒、有过错的英雄、有污点的伟人，因为他们真实、可亲，可以仿效。

　　傅雷先生所说外来的敌人，我的理解就是在前进路上所有外来的困难、挫折和打击；而他所说的内在的敌人，我的理解就是在成长时自己所有的惰性、自卑和犹豫。我年轻时喜欢下象棋，喜欢打麻将，可是如今我都戒除了。这些癖好也不能说就全是坏事，但是它们毕竟耽误时间。你现在这个年龄段，对于游戏社交有爱好，也正常，我也不指望你一下子就戒绝。但是我希望你把这些只作为偶尔的消遣，不能因之而耗费更多的时间。我们是平凡之人，所以我们有黑暗的时间，有卑下的情操。但是平凡中的不平凡者，就在于他绝不会被黑暗所遮蔽，也绝不会被卑下所屈服。

　　再回到黑塞的小说。我觉得主人公在两极之间徘徊是黑塞众多小说的内容。知乎上有一个回答说"找到成为自己的路"是黑塞小说一以贯之的主题（因为你曾提及知乎，我也没事时去逛一逛），这还是比较切合黑塞实际的。我可以结合知乎上的这个说法来总结一句：在两极之间找到成为自己的路，是黑塞孜孜以探求的命题，其实也是解决他自己人生的困惑。他把自己的一生都放在成长的路上，他一生都在探索，他一直有困惑，所以他一直都不会沉沦，所以他也一直在得救的路上。他的《纳尔齐斯与歌尔德蒙》写一对好朋友，分别走上两个极端——理智与情感——的道路，最终都成神成圣，其实也是一部成长小说，可能黑塞自己的性格更倾向于理智，所以他才探索情感也是成圣的道路。我觉得《纳尔齐斯与歌尔德蒙》艺术上比《德米安》更成熟，因为《德米安》有不少相对来说比较抽象的议论。为黑塞赢得世界性声誉的《荒原狼》同样是写两极之间——人性与狼性——的冲突，当然黑塞赋予人性和狼性非同寻常的内涵，也就是说，他所说的人性是人的世俗性，而他所说的狼性则是人的超越世俗性。可以说，在黑塞的人性和狼性之间，也是存在着万千种可能性的。黑塞最深奥难懂的小说《玻璃球游戏》还是写主人公克乃西特的完善之路。《荒原狼》和《玻璃球游戏》当然不属于成长小说，然而却仍在探讨人该如何生活才最有意义。

我想，我现在还在成长的路上，我还没有定型。而有些人，不到 30 岁，虽然还活着，可是即使活到 80 岁，他的认识还保留在 30 岁上，所以我们也可以说，他活到 30 岁就已经死了。其实许多人，许多家长，他们有一种焦虑，一种成长的焦虑，就是盼望自己赶快定型，盼望孩子赶快定型。比方说吧，某类家长，盼望自己的孩子考个好大学，读个好专业，然后找个好工作，他们就满足了。他们对成长的定义就是"考个好大学，读个好专业，找个好工作"。而这个被盼望"成长"的孩子在"找个好工作"之后，对自己的孩子又会重复这个成长模式。我认识的一个家长，他儿子去年高考超过一本线20多分，可是他为儿子选择了高专学校——安徽公安职业学院，因为三年后他儿子毕业了可以有一份稳定的工作——当警察。这是一个非常具有典型性的家长。而我把成长定义为"一直都在找到自我、不断更新的路上"。所以我对你并不是一般家长那种"考个好大学，读个好专业，找个好工作"的焦虑。我是期望你走一条超越眼前此在、不断更新自我的道路。

　　钱穆先生说："我们不必要想自己成个文学家，只要能在文学里接触到一个较高的人生，接触到一个合乎我自己的更高的人生。"这是钱穆先生劝我们读文学作品（诗）的理由。我想这也是我们读《德米安》所得到的收获：通过阅读文学作品，我们接触、思索并追寻一个更高的合乎自己的人生。这条"更高"的合乎我自己的人生之路没有终结，因为达到一个高度后，我会追寻"更高"的人生。这就是永不满足，永远向上的路。走在这样的路上，你已经永远超越了"考个好大学，读个好专业，找个好工作"的境界。

　　这是我读《德米安》所想到的。

父亲

2017 年 8 月 11 日于庐州天鹅湖畔

028

晏齐：

你好！

从历法上说，阴历和阳历每间隔 19 年会有一次重合。比如 1998 年阳历 8 月 21 日，阴历是闰 6 月 30 日。今年（2017 年）的阳历 8 月 21 日，阴历也是闰 6 月 30 日。所以古人为虚龄 20 岁（19 周岁）的人举行成人礼，隐隐中体现出某种科学上的智慧。

古人说："男子二十，冠而字。"在男子 20 岁时举行冠礼，并赐以字，通过举行冠礼象征该男子已经成人。而成人既代表着一种权力，也预示着一种责任。古人有名有字。名是长辈叫的，字是平辈叫的。既已成人，则应受到尊重，所以要取"字"供他人称呼。今天的时代虽不时兴取"字"，然而我为郑重其事，在你 19 周岁生日时，仍要为你取字"晋之"。《易经》晋卦之《象》曰："明出地上，晋。君子以自昭明德。"意思是太阳的光明从地上升起，此即"晋"。"晋"非通常之"进"，而是光明在"进"，或者说"进"之光明。君子观看此光明上进之象（"晋"），领悟到自己应彰显其明德。你出生时你母亲为你取名"晏齐"，取我的家乡"晏塘"和她的住地"齐山"首二字而合之，我当时撰嵌名联"晏水潺湲天倒映，齐山苍翠日初生"；现在我为你取字"晋之"，也源自旭日初升，不断上进，以期自昭明德。"名"和"字"仍有关联。

我刚才说，今天的时代已不时兴取"字"。而我之所以逆时代而动，在你19岁生日时，仍为你取"字"，是因为我想告诉你，人不是任何时候都必须顺时代而行的。钱穆先生认为士人既要入乎时代之中，又要超乎时代之上。我觉得在今天这个时代大规模入侵个人领地之际，真正的读书人更要有意识超乎时代之上。陶渊明曾说他的时代是"真风告逝、大伪斯兴"。作为读书人，更要超乎这个时代之上。我更相信，也只有真正的读书人，才会超乎时代之上，才不会与世浮沉随俗俯仰。如果一个人甚至不能超越小环境（比如他周围的同学不肯用功学习，他也不肯用功学习），那他又如何超越大环境超越整个时代？

我曾说过，每个人都不可避免地带有家庭的烙印。我不是官员，无法利用权力为你谋取利益；我也不是富商，不可能给你足够的金钱；我只是一介书生，所以我只能指导你如何读书。我要让你知道，你出生于书生家庭，也必然带上文化的烙印。为你取字"晋之"，实际上也寄托着我的一份嘱托和期望，我期望你像光明不断上升。你唯有自昭明德，自强不息，才能自我得救，才能立于不败之地。因为我和你母亲不能在权和利上帮到你，但是我们会为你创造一定的条件，我们会以我们的方式来帮助你。

据我的理解，一部博大精深的《易经》，如能吃透其中的16个字，也就把握了其精髓。梁启超在清华演讲时，曾取《易经》中的

"自强不息"（乾卦："天行健，君子以自强不息。"）、"厚德载物"
（坤卦："地势坤，君子以厚德载物。"）加以发挥，这八个字后来成
为清华大学校训。我想拈出《易经》中的另八个字"自昭明德"（晋
卦："君子以自昭明德"）、"独立不惧"（大过卦："君子以独立不惧，
遁世无闷"）加以补充。自强不息、厚德载物是对群体的人的外在要
求，而自昭明德、独立不惧是对个体的人的内在要求，两者有所重
合而又各有侧重。君子必超乎时代之上，不随时代风气而转移，才
能自我彰显光明之德；君子必向内自重，自我彰显光明之德，才能
凌驾时代风气之上，才会独立支撑而无所畏惧。君子既能自我彰显
其光明之德，并超乎时代而独立支撑；必将法天则地，向高天学习
奋发图强永不停息，向大地学习增厚美德容载万物。故君子必先
"自昭明德、独立不惧"，而后"自强不息、厚德载物"。

美国心理学家亚伯拉罕·马斯洛曾提出人的需求层次理论
（Abraham Maslow's hierarchy of needs theory），第一层次是生理需
求（Physiological needs），第二层次是安全需求（Safety needs），第
三层次是社会归属需求（Social belonging），第四层次是尊重（自尊
和被尊重）需求（Esteem），第五层次是自我实现需求（Self‐actu‐
alization）。参见英文版维基百科（我给出网址，是计你自己去看）：
https：//en. wikipedia. org/wiki/Maslow's _ hierarchy _ of _ needs。
叶嘉莹先生说马斯洛的"自我实现"，即韩愈在《原道》中说的"足
乎己无待于外"（《叶嘉莹说饮酒及拟古诗》第 180 页，中华书局
2015 年版）。我申而言之，"自我实现"（Self‐actualization）即是
"自昭明德"。

人要吃喝玩乐，这是最低层次的生理需求。人要有生命财产的安全感，这是高一层次的安全需求。满足了生理需求和安全需求，人还要把自己纳入某一阶层，找到社会归属感。有了归属感，人还希望体现其价值，拥有自尊和被尊重感。所有处于这些层次的人都有赖于外界，而唯有自我实现、自我完成的人，才不会在乎是否归属于某一阶层，是否得到外人的尊重和重视，因为他们有恃乎内（自昭明德）、无待于外（独立不惧）。

如何才能自昭明德、自我实现？我的理解，仍是学习。向有字句的书本学，向无字句的阅历行。以书本引领阅历，以阅历反作用于书本，知行结合，相辅相成。我年轻时看陶渊明辞官归隐，觉得是风雅之妙隐逸之高，其潇洒逍遥令我羡慕；现在看陶渊明辞官躬耕，才知道是挣扎之深辛酸之极，有多少不得已和无奈何，其决绝和持守令我同情更令我敬佩。后人看到的只是结果，而唯有陶渊明经历了过程。同样的字句，因为我有了不同的生活阅历，才使我产生不同的感受。读人文学科，没有人生阅历，是不可能深刻领会的。但是你现在仍处于主要是向书本学的阶段。我曾指出学习有四种之境：信息（information），知识（knowledge），学问（scholarship），生命（life）。真正的学习绝不是简单地获取信息、被动地接受知识，而是全身心地研讨学问，更是以学问充盈生命以生命养成学问。只有当学问与生命融为一体，我们才能说"道成了肉身"（《约翰福音第 1 章第 14 节》）。

北宋理学家张载（1020 年生于长安）说："为学大益，在自求变化气质。"（《经学理窟·义理》）我之前曾对你说，人是一个建构的过程，通过阅读思考可以改变一个人的心智结构。而读书为学，正是通过变化气质来建构一个人——从满足本能前进到追求理性，从有赖于外晋升到依恃乎内；去除浅陋褊狭而归于丰富中正，变化焦躁芜杂以达于从容纯净；进德修业化天性起人为，改过迁善积小成为大成；朝乾夕惕自强不息实现自我，自昭明德独立不惧道成肉身。

作为现实的父亲，我当然愿意你的人生之路平顺通畅。但是作为理性的父亲，我深知战胜坎坷和艰辛付出是完成自我的不二法门。我既不愿你做一个壮烈之士，也不愿你做一个庸碌之辈。我的中道哲学只能让我愿你做一个永远的"学生"，一个把学问和生命融为一体的人。我愿你晋之又晋，日新又新。我愿你实现自我，道成肉身。我更愿你通过自己的努力，生活在一个康德所说"在一切事情上都有公开运用自己理性的自由"的世界上。

父谕

2017 年 8 月 20 日于庐州太阳海岸

029

晏齐：

　　你好！

　　时间的脚步飞驰不息，转眼间你到学校已经两个多星期了。我前几天到你们英文学院网站上随便浏览，发现了两个信息，值得与你分享一下。

　　一是你们英文学院院训是"止于至善"（http：//ses.xisu.edu.cn/xygk/yzjy.htm），我曾在《愿你做到你的最好》中说：古语云"止于至善"，意思不就是"不达至善，绝不停止"嘛。古语又云"自强不息"，意思不就是"努力自强，永不放弃"嘛。所以，我愿把这八个字送给你：自强不息，止于至善。做最好的自己！做自己的最好！

　　看来我在三年前就把"止于至善"送给你了，也说明"止于至善"与你真是特别有缘分。

　　二是我看到英文学院2018届（2014年入学）推免攻读硕士学位名单，英文学院有16个推免名额（http：//ses.xisu.edu.cn/info/1093/4510.htm）。所谓"推免"，就是"推荐免试"，本科毕业生不用参加研究生入学考试而直接录取为硕士生。你的表姐就获得了安徽大学的推免资格。我顺便查看了 2017 届、2016 届、2015 届推免名额,基本是 13 名或 14 名。估计 2014 级入学人数增多,所以增加了推免名额。照此推算,两年后你们 2020 届本科生也将有 16 个推免名额。亦即只有取得年级前 4％的名次,才能获得推免的资格,难度之大可想而知。既不是非要不可,也不必知难而退,还是老话好,"止于至善",争取做到自己的最好吧。何况还有两整年的时间足可以创造奇迹。

所以我希望你把最近这两个多星期的学习情况具体写一下,你对这一年的学习计划和设想,准备采取的步骤和方法,正在实施的行动和进展,写一个详细的内容给我,我或许可以帮你分析一下。我想你就如同在前方作战,具体细节我不可能遥控指挥,但是在大的方略上,我可以给你提供参考。我认为这个大二学年对你来说是关键的一年,必须高度重视,充分发挥潜力,名次达到年级前 10％的预定目标,这样才能为你大三学年更进一步打下良好的基础。

父亲

2017 年 9 月 17 日于庐州太阳海岸

030

爸：

开学后不久，我就能基本适应现在的学习环境，生活节奏也很快就稳定下来。可能第一周在寻找教室，与新同学沟通上还有些问题，不过现在已经基本解决了。大二的学习相比大一，更加轻松且自由，比如我们的早读和晚自习都取消了，但是我也利用了这段时间，早上多睡半个钟头，晚上看看书、散散步，还是很充实的。

最近学习上没有什么值得说的事情，课程安排和大一相差不多，主要增加的两门课程是英美文学导读和英美国家概况。这两门课都需要在课前做充分的阅读准备，上课时才能跟上课堂节奏。其实我现在几乎没有书面作业，全部是阅读，因此难免会觉得枯燥，我也把英文书和中文书交换着看。因为从家里带过来的书比较多，我也没有去图书馆借书了。这些课程都不算难，但是要花费的时间很多，需要大量阅读。其他课程比如听力、口语、写作等等都和上学期一样，作业也能按时完成。

我现在每天在扇贝上背单词，但是我调整了每天的单词背诵量，每天只背 50 个单词，因为学校时间并不如在家里那么充裕，100 个有时完成不了。现在我感觉光是阅读老师课堂上布置的英文书阅读量，我就已经有些吃不消，额外的英文阅读已经是很困难的事情，但是有空还是可以看看中文书，稍微调整一下思绪。另外我们现在的精读老师要求我们背诵课文，我觉得这也很好，有点像高中时老师的感觉。我已经很久没有背诵英文文章，现在背一背也挺好的。近一点的计划，那就是关于期中考试。我觉得我们班整体水平还是很高的，因此初步订个计划，在期中考试进入班级前十名，这对我来说应该不算太难。

其他的事情也不算重要，正好下周我就可以回家，到时候再慢慢聊也不迟。

沈晏齐

2017 年 9 月 24 日

031

爸：

　　国庆回来这一周，我们的精读课学习了一个新的单元，新课文是一篇小说，小说意思很难理解，我即使看了中文翻译也还觉得晦涩。但是在老师的讲解后，能够大概了解一点。选修课的《中国哲学简史》，我们也学习到儒家文化。老师给我们解释了孔子的主要思想，我在课上也往后看了看，其中很多观点都给我耳目一新的感觉，比如在比较秦朝焚书坑儒和汉代独尊儒术时，透过作者的分析，我才发现这两种政策的本质其实是相同的。虽然以前也能认识到这一点，但总是觉得缺乏足够的理由来支撑这个观点。因此，《中国哲学简史》这本书还是值得我仔细去研读的。

　　至于你送我的《中国文化传统的六个面向》，我已经看完了第三讲。这本书里面说的东西很有趣，我也看到这名教授上课时的课堂氛围和我们内地的大学是有差距的。我尤其感到惊讶的是他课堂上的学生所提出的问题都很有自己的见解和思考，说明学生在上课时是用心听讲并且仔细思考的。同时，这名李欧梵教授也能发动他的"人脉"，请来不同的教授为他的课堂做补充，这也是我在内地的大学很少见到的，或者是想象的场景。这说明教学本来就是灵活多变的，只要能把知识传递到位，什么类型的教学方式其实都是可以的。书里面把项羽和阿喀琉斯作比较，我觉得十分新鲜。虽然我对于这两个人都有了解，但是我从来没有想过把这两个人互相比较。同时，我也从他对《原道》的解析，了解到韩愈在中国儒家历史中的重要地位，这也是我以前所不了解的。

　　西安的气温日渐下降，雨也一直下个不停，我最近也没有什么机会去散步，但是相对的我也能找机会看看书。从下周开始，天气好像稍有好转，我也会注意及时保暖，请放心。

沈晏齐

2017 年 10 月 15 日

032

晏齐：

你好！

昨天整理我们的电邮，发现你 9 月 24 日曾有来邮，而我竟没有回复，我想那几天真是很忙乱，一则谋划毕业 30 周年同学聚会，一则有一件头疼的事我稍后再告诉你。现在先说声抱歉，再来回复你的几个想法。

冯友兰（《中国哲学简史》的作者）是非常擅长"义理"的哲学家，正如胡适是擅长"考据"的哲学家。冯是胡的学生，虽然冯仅比胡小四岁。但是胡从美国留学回来，他用西方现代学术的方法讲授中国传统哲学，胡讲中国哲学所用的"证明的方法""扼要的手段"和"系统的研究"给冯友兰这些读中国古书、以传统的经学和小学来读古书的学生以极大的影响。胡适是开风气之先的人。但是他的兴趣点在考据，胡适的《中国哲学史大纲》虽然风行一时，但是哲学毕竟不是讲考据，所以等到冯友兰的《中国哲学史》一出来，胡著自然就被代替，这虽然使胡适一辈子都很憋屈，却也无可奈何（翟志成有一篇《被弟子超越之后——胡适的冯友兰情结》，勾陈发覆颇多，也特别勾画出胡适的另一面，让人认识到人性的复杂。我作为附件发给你）。

《中国哲学简史》是冯友兰 1947 年在美国宾夕法尼亚大学讲学的英文讲稿，是在他自己《中国哲学史》两卷本的基础上，再行压缩和修补而成，所以原书是英文本。因为是为美国人讲中国哲学，此著特别注意"深入浅出"，作者对中国哲学透彻于心，而出之以浅显，所以成为欧美多国研读中国哲学的超级入门书，也是世界很多大学的中国哲学通用教材。冯先生自拟一联"三史释今古，六书纪贞元"，是讲他的九部哲学著作。"三史"指《中国哲学史》《中国哲学简史》和《中国哲学史新编》，"六书"指《新理学》《新事论》《新世训》《新原人》《新原道》和《新知言》。我读《中国哲学简史》，最大的感觉就是"言简意赅"，冯先生把许多复杂的问题非常简洁地揭示出来，令人豁然开朗。它是"史"与"思"的结晶。它不是泛泛而论之"史"，也非戛戛独造之"思"，冯先生在讲中国哲学"史"的同时，融入了他个人对中国哲学的"思"。我建议你读完中译本，还是要去读英文原著，中英结合，加深理解；且读英文本，也能提升英语水平。

李欧梵的《中国文化传统的六个面向》，其中"面向"，作者说对应的英文是 facet，意思是方面、向度、维度，该书选取六个文本，来简介中国文化传统的六个方面，显示出眼光之独到、思考之深入、概括之简练。你注意到港中大教授上课之形式多样，学生听课之认真参与，这也值得肯定。李教授谈到中国文化传统的"英雄""道统""江湖""食色""鬼魅"和"魂归"，我以为是非常精炼的，体现出"化繁为简"的高超能力。如果让我来谈"中国文化传统",虽然我自命一直浸润于中国文化传统,我却是"狗咬刺猬,无处下口"。因为中国文化传统广博无涯,而他提炼的这六个母题真是极具代表性。然而对于"食色"这个 facet,作者所选取的文本(《蒋兴哥重会珍珠衫》),并不令我满意。因为我觉得此篇文采不够,从文采上说,我更喜欢《杜十娘怒沉百宝箱》,但是《杜十娘》可能不具有《珍珠衫》那么多的市井饮食男女的内涵。由于作者不专攻中国古典文学,所以在字词的训诂上无法展开,但是作者却有很好的大局观,他是从文化、思想的层面来解读中国文学,更注重以比较的眼光,从比较文学、比较文化的角度来解读,所以给人耳目一新、别开生面之感。

韩愈可能是最会写文章的一个人,你看他众体兼备,论说文、记叙文、史传文、碑铭文,都写得非常出色。他靠给死者写碑铭,获得很高收入,这类润笔费有时甚至超过他的俸禄(即工资)。他的《毛颖传》被公认为小说,而我觉得他的《进学解》也完全是小说的写法,因为他虚构了师生的对话。《进学解》通过学生为他鸣不平来展示他自己所受的不公正待遇,更通过他自己的回答来说明他并不怀才不遇而是才能与职位相称。既通过别人之口吹捧了自己,又摆出一副自命谦虚乐天安命的架势,实在是巧妙至极。

我再来说说韩愈的《原道》(你可以参考百度词条《原道》,那里有原文和译文,也有点评:https://baike.baidu.com/item/%E5%8E%9F%E9%81%93/2373535)。这在韩文中是非常重要的一篇文章。"原",本来指事物的本源,这里用作动词,即"推究本源"，"原道"，即"推究道的本源"。韩愈通过此文建立了"道统"。道统，即道的统系。道统是相对于政统而言的。牟宗三说："统者贯穿承续义，故曰垂统，亦曰统绪。"我的理解，政统是一种政权的统绪。比如封建社会虽有朝代更迭，而其统绪在于父传子，子传孙，一姓为王，统治天下，是为"家天下"之政统。而现代西方的政统则无论分为多少国家，都是通过民主选举而产生领导人，是为"民主"之政统。牟宗三认为西方之道统即是基督教。韩愈的道统则特指儒家之道统。

　　韩愈在《原道》开篇劈头即说："博爱之谓仁，行而宜之之谓义。由是而之焉之谓道，足乎己无待于外之谓德。"是不是神完气足斩钉截铁？是不是有点韩愈评价孟子、荀子所说的"吐辞为经、举足为法"的感觉？即他一张口就是经典，一行动就是律法。韩愈根据他自己对儒家传统的理解，提出复古崇儒、攘斥佛老的主张，最后画出一个儒家道统的谱系："尧以是传之舜，舜以是传之禹，禹以是传之汤，汤以是传之文、武、周公，文、武、周公传之孔子，孔子传之孟轲，轲之死，不得其传焉。"这是儒家传统上第一次提出如此鲜明的传授体系，就如同帝王传位一样有了统绪。他还说后来的荀子、杨雄两位儒家"择焉而不精，语焉而不详"。那么这个统绪——尧、舜、禹、汤、文王、武王、周公、孔子、孟子、荀子、杨雄——一路下来，由谁来承继呢？韩愈没有说，实际上他是隐隐然以道统自任的，也就是说，现在应该由我，韩愈，来承传这个道统。也就是说，从公元前二三百年的孟子之后，这中间没有人继承道统，千年之后到我韩愈，我应该担起这个责任，"铁肩担道义，妙手著文章"。

儒家道统说的意义何在？政统是权势之谱系，道统是道德之统绪。中国儒家知识分子高扬"道高于势"的旗帜，以道统对抗专制之政统。《周易·蛊》提出"不事王侯，高尚其事"，《礼记·儒行》提出"儒有上不臣天子，下不事诸侯"，孟子提出"古之贤王好善而忘势，古之贤士何独不然？乐其道而忘人之势"（《孟子·尽心上》），荀子提出"从道不从君，从义不从父"（《荀子·子道》）。因为政统是看得见的，而道统是看不见的，自从韩愈标举出这个道统的谱系，就使儒家知识分子从往圣先贤那里得到力量，找到了理论源泉和精神支柱。所以韩愈写《谏迎佛骨表》，大胆谏劝唐宪宗不要迎取佛骨，这正是他"从道不从君"理念的实践。政治权力（政统）的最高代表——皇帝，可能是错的；而道义精神（道统）的代表——韩愈，却可能是对的。虽然韩愈因为《谏迎佛骨表》险些丧命（唐宪宗要杀他，许多大臣求情），最终被贬广东潮州。所以苏轼《潮州韩文公庙碑》说韩愈"文起八代之衰，而道济天下之溺"。道济天下之溺，正是说韩愈自觉担起承传天下道统的重任。

至于你所说 Katherine Mansfield 的 *A Dill Pickle*，我今天看了英文和中译，也看了几篇评论，小说源自作者的亲身经历。1910 年，曼斯菲尔德曾与弗朗西斯·海曼相恋，他们谈到一起去俄国旅游，海曼还送给曼斯菲尔德一个漆木的俄国玩具村庄。但是海曼家不愿接纳已婚且独居的曼斯菲尔德，海曼也终止了恋情。曼斯菲尔德发觉自己已有身孕，多次写信给海曼，请求他来看她，然而他始终没有回音。六年后他们在一家餐馆偶遇（《曼斯菲尔德传》，安东尼·

阿尔伯思著,冯洁音译,第 123 页,第 126 页,东方出版中心 1996 年版,家里有这本书)。了解了小说的原型,小说就好理解了。我下载了一篇西安外国语大学英文学院康晓婷老师所写的《由〈莳萝泡菜〉看凯瑟琳·曼斯菲尔德短篇小说的艺术特色》,我觉得此文分析很到位。作为附件发给你。你仔细研读,会加深对小说的理解。

今年降温比往年早,注意及时加衣,不要在乎别人穿多穿少,如果你感到冷,就多穿一件,每个人体质不一样,抗寒冷程度不一样,不必硬撑。

父亲

2017 年 10 月 16 日于庐州太阳海岸

033

爸：

　　西安的天气在这一周回暖，与合肥的天气差不多，太阳也经常挂在天上，与国庆刚回来时候的天气相比要好很多，而且这样的好天气还可以持续一个礼拜，真好。

　　这周我终于把《六个面向》看完了。最后三章所讨论的内容相比前三章并没有什么新奇的观点，基本都是我以前了解过的。不过作者在倒数第二章谈到中国的鬼狐志怪小说，和最后一章对鲁迅的小说中"鬼气"的研究，我觉得正好可以结合起来看。鲁迅的小说和诗歌里，也常常出现一些神魔鬼怪、阴森可怖的意象，作者也提到这是一种"幽灵"传统的来源和持久性。我认为蒲松龄的《聊斋志异》无疑对鲁迅的创作是有影响的。当然不止鲁迅，其他文人都多多少少受到类似的影响，这是我觉得很有趣并且新奇的地方。

　　《中国哲学简史》看到了第十五章，正好在讲中庸之道，谈的是儒家的形而上学。这本书老师上课的时候也在讲，我在听的时候也能听到些有趣的地方。比如这周老师讲到"正名"，让同学起来谈谈对这个观点的看法。班级里就有同学站起来说，"学生"和"老师"

就是因为处在不同的身份地位上，所以有不同的行事准则，就是"名副其实"。我觉得这位同学讲的就很有道理。后来我们讨论孔子在中国历史上的地位，老师就用英语来描述，比如"a teacher"（一位教师），"the teacher"（至圣先师），"the living god"（活着的神）等等。我觉得这样中英结合学习知识的方法也十分有趣。

下周我们的任务是读完短篇小说 *Miss Brill*，同时我也打算开始从图书馆借点书，因为从家里带来的书基本都看完了。我们很快要开始期中考试，最近也在准备一些大型合作学习作业，因此比较忙。妈妈说周一等她回家后再给你打电话。

沈晏齐

2017 年 10 月 22 日

034

晏齐：

你好！

虽然昨晚我在电话中和你说了，但是我还想写成文字进一步提醒你。就是我在 16 日的电邮中，曾经给你发送两篇论文，一篇谈胡适的，一篇论《葫萝泡菜》的。我昨晚问你看了没有，你说看了，我想这个不应该是我来问你是不是看了，而是你应该在 22 日给我的回复中主动来说这个事。

如果我们不是父子关系，那么你在回邮中应该首先表示谢意，感谢我为你找寻那些增补材料。但是我们之间不需要感谢，我需要的是你的回应。就是我为你搜寻的这些材料，我要知道你究竟看了没有，看了有什么收获，对你有什么启示。对他人为你所做的事，你给予积极的回应，从社会方面说，是礼貌；从家庭方面说，是教养；从个体方面说，是素质。这虽然是小事，但是别人与你交往，总是从小事来认识你，所谓以小见大，窥斑知豹。所以更要从小事上体现出礼貌、教养和素质。我教你一个小窍门，你下次在给我写电邮时，可以把我给你最近的一封电邮打开，适当地予以回应。我每次给你写电邮，我都是把你的电邮重新看一下的。

另外我昨晚还讲到，你看了康晓婷老师的论文，如果你觉得该文对你理解《莳萝泡菜》有帮助，那么假如有机会见到康老师，你应该向她表示感谢，顺便再谈一谈你所受到的启发。这不是教你取悦于人。我向来厌恶的是无端讨好师长。或许你没有想到的是，每一个写作者，其实都是寂寞的。他辛苦写作，他的点滴新发现，总是希望得到回应或认可。每一个作者，都希望有一个真能欣赏他文章的知音。我从五六篇论述《莳萝泡菜》的文章中，挑出康晓婷老师那篇，是因为我觉得她分析得最到位，所以才推荐给你。我一开始并未注意到她在你们学校工作，所以我说如果有机会见到康老师，可以当面致谢，但是也不要刻意为了感谢而去见她。你不妨把 *A Dill Pickle* 原文再看一遍，把康老师那篇论文再看一遍，对比一下，自己读书遗漏了什么，康老师读书发现了什么，这样找出差距，才会不断进步。

关于翟志成论胡适那篇，其实也非常有意思。我们一贯来都认为胡适是宽容大度、乐于提携后进的，他也确实如此。但是从他对待冯友兰的态度上，我们也能看出胡适嫉贤妒能的一面，看出他对自己的学生后来居上而产生的挫败感，而不是欣慰感。所以我想，人性真是非常复杂的，我们并不能就此否定胡适，我们只会更全面深刻地认识他。我推荐这篇文章给你，我上一封电邮中，没有点明这方面，我是希望你读后能看出来，由你来点明它。读书读文章，就是要看出作者的心思，你回头再注意看一下那篇文章。

你提到上课时，有同学分析"名"和"实"，并解释"'名'副其'实'", 我觉得很有意思。而且老师结合中英文来讲解, 这都是很好的学习方式。课堂的思维碰撞是非常重要的, 所以你也要主动发言, 因为你的观点也可能带给别人以启发。如果你的那个同学不表达自己对于"'名'副其'实'"的看法, 你也不会有收获。所以课堂发言, 积极交流, 不仅对自己有帮助, 还给别人以启示。我认为内地课堂讨论不活跃, 中国香港和美国课堂更注重交流, 这一块是值得学习的。还有我上次提出还是要看冯友兰《中国哲学简史》的英文版, 并且要将英文版和中文版对照着看, 我会想法去买一本英文版。

Miss Brill 是曼斯菲尔德的小说。我给你快递几本书, 其中有曼斯菲尔德的小说五篇, 这一篇也在内, 你不妨精读之。当然如果不是很喜欢她的作品, 也不要勉强, 泛读即可, 你可以试着读读看。理解作品, 首先得了解作者。这就是孟子说的"知人论世", 对作者及其时代背景有一定认知, 这是前提。你将来会看到西方一些文学理论提出"作者死了""读者中心"的观点, 这些论断有其自圆其说之处, 但我觉得青年人刚刚开始阅读文学作品, 还是要侧重"知人论世"。对作者及其时代背景有初步了解, 会加深对作品的理解。其次是自己阅读后, 看有哪些体会。再找一些专家的分析评论, 两相对照, 看专家讲得是否到位, 分析他所发现的, 我为何遗漏了; 我所发现的, 有没有价值; 还可以进一步看看他有没有信口开河, 他的发现到底价值何在, 当然后面这一层, 难度更大。不过这正是钻研学问的路径, 学问是在甄别、辩驳、修正中不断提升的, 一个真理性的认识正是在不断地甄别、辩驳、修正中形成的。

　　这次还快递一本俞陛云的《诗境浅说》，作者大有来头，是晚清大家俞樾之孙，俞平伯之父，你看书中介绍便知。这本书是作者为孙辈"欲学为诗"而编选的启蒙读物，然而作者鉴赏诗作非常精准到位。叶嘉莹讲古典诗词，毕竟是现代人的眼光；而俞陛云讲古典诗词，仍是在古典的圈子内，两者有别。俞陛云先生讲得更原汁原味，侧重诗歌原典和技法，而叶嘉莹讲得融入自我，更注重兴发感动。这本书适合每晚临睡前读几首，可以反复揣摩，细细领会。还有一本朱光潜先生的《诗论》，这是一本打通古今中西的诗论。作者主体论述中国诗，但他心中隐然有西方诗学在对照，所以显得视野广阔，横通竖达，真的经典总值得一读再读。你先接触一下，将来还是要深入研读的。

　　期中考试还得认真面对，毕竟考试分数是硬件，综合素养是软件。软硬兼修，才是王道。

　　　　　　　　　　　　　　　　　　　父亲

　　　　　　　　　　　　　　2017 年 10 月 24 日于太阳海岸

035

爸：

　　这周发生了一些比较有趣的事情，可以和你们简单聊聊。首先，外教老师要求我们每个人做一个 presentation，这周轮到我上台。Presentation 的主题是一项技能，要求你去介绍给班级同学。同时你的介绍中要包含一个"hook"，也就是能够吸引听众注意力的话题。我这次上台准备的内容是介绍如何钓鱼，同时我的 hook 是我小时候一次有趣的钓鱼经历。恰好那天我带了伞，于是我临时想到用伞作为道具，负责模拟我在讲解过程中的一些辅助功能。比如我讲到如何挥杆，我就把伞柄拉长，向前甩伞，作为挥杆动作的展示。雨伞取得了意料之外的搞笑效果，班级同学和老师都哈哈大笑。老师对我的演讲也很满意，她说这是她听到的最好的一个演讲。下来之后她还特意把打分表给我看。我看表格上除了提到我有点紧张之外，其他项目都是满分，我看了也觉得很开心。

　　等我的演讲结束后，下一组两位女生上台演讲如何化妆，并且制作了很精美的 PPT。我正好任务结束，就欣赏起 PPT 来，我的同桌，另一位男生，正在打哈欠，结果这一幕被班里另外一个女生拍了下来，发到了班级群里，那张照片我也发在了微信群里，结果就是，"两个大老爷们津津有味地看化妆介绍"的喜剧效果，被班级里的同学嘲笑了半天。尤其是我的同桌，他正在打哈欠，但是照片中的效果就是他正张大嘴，吃惊地看关于化妆的介绍，我俩当天简直哭笑不得。

昨晚我的一个室友又喝多了，不省人事吐在了另一个同学的床上。当时已经是 2 点左右，他把我喊醒了，我俩紧急处理了一下，很快把现场收拾干净。我又把柜子里的一条毛巾被借给他，他晚上终于睡了个好觉。今天，我也把被子拿到外面晒了晒，因为上午天气很好，但是下午就开始下雨，西安的天气总是变幻莫测的。

你寄来的书，我已经开始看了。我先看的是朱光潜的作品，看了前两章，觉得这本书讲话很有理有据，语言也很平和朴实，就像是那种大师的文字。书在一开始提到，诗、歌、舞在最初其实是一体的，给出的考证也十分有力，我很幸运能在一开始就听到大师的理性分析，至少让我对诗的起源有了更加理性清楚的认识。我争取下周把这本书看完，然后和你交流一下感受。

沈晏齐

2017 年 10 月 29 日

036

晏齐：

你好！

你的每一点滴进步，都使我和你妈感到高兴。我曾说"积小成为大成"。点滴进步会汇聚成洪流奔涌向前。认真准备，大胆表达，不敷衍，不含糊，就一定会获得认可。多向老师请教，多跟同学交流，培养自己的沟通协调能力，这是在大学除了学习书本知识之外，更需要培养的技能。

喜剧是生活的调味品。你和同学在课堂"认真看女生化妆"，成为调笑的对象，虽有小的不悦，其实回头看也是很好玩的。所以培养一种喜剧意识，不但看别人的好笑之处，也能平心静气看自己的好笑之处（甚至是自己认为不好笑而别人认为好笑之处），这也是一种胸怀的体现。我觉得挺好的。写弥勒佛的一副名联说："大肚能容，容天下难容之事；开口便笑，笑世间可笑之人。"可笑之人可以是别人，也可以是自己，能自嘲的心才是更强大的。

我为你的室友感到悲哀。喝酒是最不能解决难题的，但是这世上好多人总是靠喝酒来麻醉自己，逃避问题。我希望你在任何时候都不要想着通过喝酒来解决问题。你做得很好，人总应该尽可能地帮助别人。我想，对自己，多培养喜剧意识；对别人，多施与悲悯情怀。不仅是"容天下难容之事"，更要"悯天下难悯之事"，能悲悯的心才是更阔大的。"笑"和"悯"都是不可少的。

我昨天刚参加朱光潜、宗白华先生120周年诞辰国际学术研讨会，是中华美学学会、北京大学美学与美育研究中心、安徽大学哲学系合办的，来了很多学界大佬，我越来越认识到朱光潜先生是一位大师。有人说他是"中国美学之父"，他精通英法德意俄等多种语言，著译等身，主编过多份刊物，编辑发表了钱锺书的第一篇文章。他的文章最是深入浅出而通透畅达，引人入胜又耐人寻味。他在许多学术领域是开拓者，同时又几乎是终结者，在该领域令别人难以攀上更高学术境界。宗白华先生是另一位安徽籍美学大师。如果说，朱光潜先生以著作丰而厚成为大师，宗白华先生却以著作少而精成为大师，这真是一对奇人。

不断读书，不断实践，不断将生活与学问互相印证；向书本学，向社会学，不断将感性和理性相互碰撞，不断积小成为大成，积大成为更大成，就会创造奇迹。在别人看来是奇迹，在创造者自己眼里，却是一步步踏实走来。

父亲

2017 年 10 月 30 日于庐州太阳海岸

037

爸：

这周我终于把朱光潜先生的《诗论》看完了。这是一本很精彩的书，里面很多问题是我以前没有考虑过的，或者考虑过但是得不出什么结论，朱先生却能用简单的分析配上一些例证，就能清晰透彻地说明出来，这是我觉得很了不起的地方。比如作者提到诗和散文的区别，仅仅用"感"字和"知"字，就很清楚地说明了两者的本质区别。从作者的分析上来看，诗和散文其实在形式、风格或者韵律上并无实质性的区别，这也解决了我之前的一个认识误区，就是从外在的形式上简单区分诗与散文。作者还提到诗与画、诗与舞蹈的关系，都给我很大的启发和新的认知，不得不说朱先生确实是一位大师级的人物。

今天早上傅应凡打电话对我说他已经来到西安，打算来我的学校找我玩。于是我早上就陪他还有陕师大的吴小宇一起在我们学校吃了饭，然后在陕师大那边坐了坐，聊聊天。两点半左右把他送上了出租车，他现在已经在回上海的路上了。这对我来说的确是一个令人惊喜的意外，就像去年汤文博从北京过来看我一样。我出发之前还和室友开玩笑，去年北大同学看我，今年复旦同学来看我，我坐等全中国的著名高校同学前来拜访我，这也是令人开心的事情。

这周的一节文化与翻译课堂上，老师要求做一个 presentation，内容不限，我就选择讲一讲我们的徽州建筑。我上台先介绍我来自安徽，打算讲讲徽派建筑。同学们没有来自安徽的，对我讲解的内容很好奇。老师去过安徽，她对徽派建筑很喜欢，也赞赏我的 presentation 做得很精彩。我觉得很自豪，能够在外地向同学们介绍我家乡的特色风景，抖一抖我们安徽的底蕴，我感到自己作为一名安徽人非常开心。我同时也联想到，如果以后我出国了，我能在世界舞台上向外国朋友介绍我们的中华文化，那一定是一件非常骄傲的事情。

最近天气开始变冷了，但是没有下雨，我昨天也把我的被套和床单都洗了洗并且在外面晒了一下。你们也要注意保暖，我们的暖气很快就会供应了，所以不用担心。

沈晏齐

2017 年 11 月 5 日

038

晏齐：

你好！

《诗论》可以反复阅读，这是一本经典著作。我有一个想法，你可以用英文写一篇读后感。不要求面面俱到，但是一定要就自己感兴趣的某一点加以论说。这样可以锻炼自己的英文书面表达能力。我知悉这几次你在课堂上所做的 presentation 受到老师好评，我大致猜到，你的英文口头表达应该不错，这是好事。英语口头表达固然要进一步加强，而英文书面表达也要有意识训练。

另外我之前对你说过，你如果出国，一定要有较好的中国文化根底，否则你拿什么跟人家比拼，抑或是稍有某种程度的胜出？你能学得跟英语为母语的人一样的英语水平就算不错了，所以你一定要有自己的文化根底。这也就是我不大赞成很多中国孩子很早去美国（或任一外国）读书的原因。你所说的地域自豪感、民族自尊心都是可宝贵的，所以你现在在国内，一定要打下较好的中国文化根底，用外国语言介绍中国文化，这是一个很大很大的事业。我就觉得，你如果将来能把朱先生的《诗论》译成英文在英语国家出版，那也是很值得自豪的事。冯友兰先生用英文讲中国哲学，就取得极大的成功。

前几天买到了冯先生的 *A Short History of Chinese Philosophy*，我希望你能认真细致地阅读这本书，遇到不认识的单词，一定要查字典，我还送你一支铅笔，阅读时用得上。冯先生用英文写出此书，经美国学者德克·卜德博士校订。用冯先生的原话是，Dr. Derk Bodde has used his literary talent to make the style of the book interesting, readable, and comprehensible to the Western reader。说明此书经过卜德博士润色。以冯先生的水准，写英文著作尚需要美国学者润色，所以在语言上一个外国人无论如何难以与说母语的人一较高下。但是谈到理解中国哲学，毕竟是冯先生擅长了。这就是冯先生的中国文化根底起了作用。阅读此书，既使你对中国哲学有简明扼要的体认，又能提高你的英文理解能力。我希望你将中英文对照着阅读，以此来体会中英文表达的差异。

另外我觉得最近你所读以抽象性文本为主，所以这次给你寄两本沈从文先生的小说集《龙朱》《虎雏》。龙朱和虎雏是从文先生两个儿子的名字，他当年出小说集就用儿子的名字命名，也很有趣。形象性文本的阅读与抽象性文本的阅读可以交叉进行，免得有所偏废。从文先生最好的作品当然是《边城》，我曾经手抄过一遍。但是我们也可以多阅读他的其他作品，从这两本小说集更可以看出从文先生如何对神巫故事进行创造性转化，从而写出优美的小说。文学作品需要持续阅读，以便对文学保持一种新鲜的敏感。当然这两本小说不要你快速读完，而是与其他图书间隔开来，作为阅读内容上的调剂。

作为这种阅读上的调剂，我另外寄给你两本回忆录。一是钱穆先生的《八十忆双亲　师友杂忆》，一本是吴泰昌的《我认识的钱锺书》。钱穆先生八十忆往，前尘旧梦，纷来笔下，你可以看到一个学者的成长历程，也可以看出一个时代的沧桑变迁。个人如何局限于时代，而又如何超越于时代。只能局限于时代的人，绝不可能取得很大的成绩。一个人的意识必须超越于时代。此外学者的生活圈也别有趣味。吴泰昌回忆的钱锺书先生，使我们看到一代大学者的生活侧面。他说钱先生并不能完全做到"誉不喜而毁不怒"，但是钱先生至少做到了"誉不大喜而毁不甚怒"，他说钱先生能有毅力甚或带着某种自我抑制坚持这样做，这比钱先生写出他的巨著更难。由此我们可以见出钱先生的人格力量。钱先生的《管锥编》旁征博引、博大精深，我去年曾花半年时间读完。我想钱先生做学问，能自甘平淡，坐得冷板凳，不以毁誉为意，这是他成就名山事业的重要人格力量。

我想到你所说的同学来看你，多年后这也会成为你美好的回忆。杜甫住在成都草堂时，有人来拜访，他写诗说："岂有文章惊海内，漫劳车马驻江干"，可见杜甫也很自豪有人来看他。全中国名校的同学来看你，你也可以写一首好诗。我知道你已主动请来你校的同学吃饭，这很好。我还是强调一下，如有同学来西安，你要主动招待他们。虽说时代有趋向于 AA 制消费的倾向，但我以为，只要有同学到西安来，你就要注意以传统的方式待客，即你是主，来的同学朋友是宾，理应由你招待。该花的钱不要节省，但是不必乱花钱摆阔，待友真诚即可。

因为用了一个较大的盒子装书和小书夹，所以顺便买点小零食快递给你。你的点滴成长进步就是我们最大的自豪。子夏曰："日知其所亡（"亡"同"无"），月无忘其所能，可谓好学也已矣。"日积月累，必有大成。

父亲
2017 年 11 月 6 日于天鹅湖畔

039

爸：

　　下周三我们将进行精读期中考试，下周五将迎来英美国家概况的期中考试。这应该是唯"二"的有期中考试的科目，考完之后就只剩下 1 月 10 日左右的期末考试了。我想要在这次考试中证明一下自己，同时看看班级同学的水平究竟如何。另外，我打算在下周周末前往西安古观音禅寺游玩。从学校坐公交车过去大概要一个半小时，不算太远，里面有据说是唐太宗手植的千年银杏树，在这个时节满地金片，非常美丽。

　　我花了一天时间，读完了沈从文先生的小说集《龙朱》，里面每篇文章都很吸引人，读起来很轻松也很有趣。但我觉得主题上有些单调，说得通俗些就是"帅哥配美女"的爱情喜剧或悲剧。但是沈先生的文字淳朴有力，描写和比喻也很绚丽多姿，表现的也是最原始单纯的爱情，使得这一被用过无数次的主题焕发出了不一样的色彩。在现代社会中，我们很难看到像书中那些为爱奋不顾身的男子或是女子，这给我很大的触动。

　　我在微信上给你推荐一位我们班同学的公众号，她非常喜欢看书，自己也会每周做一期关于世界名著的推送，讲讲自己的读后感。我觉得人家很了不起，我也经常和她交换下读书感受，我觉得这大概就是所谓大学中志同道合的朋友，能够有人拥有和你相同并且能够欣赏你的兴趣爱好，这是很难得的事情。

昨天的"双十一"，我给自己买了一个宿舍床头加湿器，功率不到 100 瓦，可以充电，正好放在帘子里，非常方便。回想去年双十一，我们整个寝室都聚在一起等着零点的到来，互相因为登录不进淘宝网站而疯狂叫嚷；今年的双十一，宿舍只有我和杨一晗，其他人都有事出去了。我在 9 点多一个人裹着棉袄在学校散步，冷风把金色的银杏叶卷得哗哗作响，我忽然发现才只一年，我们整个宿舍的人就都长大了那么多，都有了各自的事情要去忙，就觉得这是一件非常神奇的事情。

沈晏齐

2017 年 11 月 12 日

040

晏齐：

你好！

你说要在期中考试检验一下，也就是试试深浅的意思，我觉得很好。我曾说过分数是硬件，素养是软件，软硬兼修，才是王道。考完试，到风景点看看，也是不错的安排。既可以一个人去，也可以约一两个同学去，男女皆可。古人说，一张一弛，文武之道。你把自己的学习和生活安排好，也是能力的体现。

你说《龙朱》的主题有些单调，这个批评倒是我所没有注意到的，你讲的有道理。从文先生把一个单一的主题通过不同的人物展示出来，而且引人入胜，这确是他的本事。至于你说在现代社会，再难以看到有人为爱情而不计生死，确实是现代社会的一个倒退。由此更可以见到从文先生所描写的最原始且最单纯的爱情之可贵。我倒是希望你在爱情上不要太理智、太成熟，不要太有功利性，年轻时如果都没有一种超越现实功利的爱情观，那生活也太无趣了。多数父母都希望子女能比较现实地对待爱情，虽然我并不主张为了爱情而死去活来，但我希望你能听从内心的呼唤，而不要太有功利的计较，假如谈恋爱的话。

　　你推荐的同学公众号，我进去看了。你说得对，她能坚持读书并写下读后感想，这的确很难得。我觉得她可能比你写得勤快，而且你不曾有意识地写评论，没有对一本书写一篇较长的评论，这是你的不足，是你需要学习人家的地方。但我觉得你的文学感觉不错，文学感悟力很好，鉴赏品位也较高，你可以发挥自己这些长处，多练笔。写熟了，自然就能写得更多更好。我一直说，大学是藏龙卧虎之地，各种各样的人都有，肯定有爱读书的人，肯定有比你读书多的人，只是你暂时没有遇见而已。孔子说："德不孤，必有邻。"多读书，多提升自我，必会遇见更好的人，遇见更好的自己。

　　生活会教会人许多，每个人都在长大，你同宿舍的人也在分别地发展自己，我们不必要求身边的每一个人都像我，都与我有同样的爱好。这不可能，也毫无意义。世界的丰富多彩在于它的多样性。但是我们可以学会坚持自己的独特，也学会欣赏别人的不同。这也就是费孝通先生所谓的"各美其美，美美与共"的意思。

父亲

2017 年 11 月 12 日于庐州太阳海岸

041

爸：

　　这周三我们进行了精读期中考试。考试内容基本和大一一样，但是卷子难度提高很多，做起来比较吃力，我考完后去问了别的同学，他们也表示卷子比较困难。考试成绩大概下周会出来，等下周的回信里我再回复。

　　钱穆先生的书我看完了，这本书给我的感触很深，我也觉得有时间应该认真写一篇读后感，我想等到下周考试结束之后再写出来。钱穆先生真的对中华传统文化爱得深沉，我被他这种精神所打动。另外你所说的，他能够在无论何种环境里都能执着于自己的事业，这也是常人所难达到的。大师的确是有他所异于常人的地方，我觉得从你的身上，也能依稀看到钱穆先生的影子，这并不是我对你的吹捧，我觉得我也要向你学习。

　　我今天报名参加了英文学院的羽毛球比赛，我觉得重在参与，因此今晚我去参加了一下集训，里面基本上每个人都比我打得好。有位同学说他是裁判，我和他打了一会儿，结果输得很惨。但是我还是觉得应该全力以赴参加这次活动。具体比赛时间学校还没有定下来，应该也是在下周，到时候我也会把结果告诉你们。

暂时就先说这么多，这周没有什么大事发生，希望你和妈妈在合肥能注意保暖，我在这边也是。

沈晏齐

2017 年 11 月 19 日

042

晏齐：

你好！

今天你妈到乡下去看奶奶了，奶奶很高兴。你妈明天回合肥。

我让你表哥来我这里吃中饭，与之简谈学习生活状况。

下午你表姐带她男友来了，主要谈保研与就业，我没有给出直接意见，我提及如何坚定个体内心之价值标准。当个体价值标准与世俗价值标准重合时，个体与世俗保持协调，这是最好的；当个体价值标准与世俗价值标准冲突时，就需要个体的某种坚守。

你说很喜欢钱宾四先生的《师友杂忆》（钱穆先生，字宾四。对于前辈长辈，后学在提到其人时，习惯上称其字，或者称其号，以示尊敬。比如苏轼，字子瞻，号东坡居士，我们常说苏东坡。说苏轼当然不算错，但是不礼貌），我很欣慰。我在学术上固然不及钱先生于万一，但是我仍可以在精神上不妨向钱先生学习。所谓"见贤思齐"，此之谓也。钱先生独立撑持于天地之间，无论何种条件下绝不放弃自己的追求，此所以成其伟大。你可以先向我学习，但是最终是要向钱先生看齐。其实你的名字中那个"齐"字，就有这个意思。表面上是"晏塘"和"齐山"，实际上是"安居晏如"和"见贤思齐"。

精神的力量是最难以估量的，人与人之间的差别就在于其所秉持的精神。钱先生在任何时候都自强不息。这种坚定的精神、强大的人格，真是无往而不胜，没有什么事情做不成。他在顺境时保持这种自强不息，他在逆境时更保持这种自强不息，他在未成名时坚持自强不息，他在成名后仍坚持自强不息。所以他无论何时何地，都能超拔流俗，都能有所成就。他对中华文化的爱，是深入血脉、深入骨髓的。他是以身证道、道成肉身的。他以自己的生命弘扬中华文化，而中华文化也成为他的筋骨血肉。这影响了他的学生余英时，后来余英时进一步发扬光大中华文化，所以余先生才可以傲然地说："我在哪里，中国就在哪里。"仅仅有对中华文化的爱，而没有自强不息的精神，那就不是真的爱中华文化，停留在口头上的爱是不真实的。

参加体育活动总是好事。参赛成绩并不重要，在参赛中认识人，锻炼身体，这就是收获。

父亲

2017 年 11 月 19 日于庐州太阳海岸

043

晏齐：

你好！

19 日夜匆匆给你回复，觉得意犹未尽，再就原话题补充几句。

二战时托马斯·曼从德国流亡到美国，他曾傲然说："我在哪里，德国就在哪里，我带着德意志文化。"所以我想到中国文化传统中"文化托命之人"的说法，意思是中华文化要把自己的命托付给此人。我把我自己所写《今情古典，史识诗心——陈寅恪诗论》中的一段话抄在下面。

孔子尝言："天生德于予，桓魋其如予何？"又言："天之未丧斯文也，匡人其如予何？"《诗大序》云："以一国之事，系一人之本，谓之风。"此言已开启董仲舒"国身通一"亦即整个国家与个体生命以及文化与个体生命融为一体之观念。范仲淹"先天下之忧而忧，后天下之乐而乐"及顾炎武"天下兴亡，匹夫有责"一本于此。王国维所说"学术所寄之人"，亦即陈三立所谓的"前儒托命人"，亦即陈寅恪在《王静安先生遗书序》中所说为"民族盛衰学术兴废"而"承续先哲将坠之业"的"托命之人"；在《大乘稻芉经随听疏跋》中，陈寅恪称玄奘和法成"同为沟通东西学术，一代文化所托命之人"；吴宓则谓："故义宁陈氏一门，实握世运之枢轴，含时代之消息，而为中国文化与学术德教所托命者也。"1945 年，吴宓赠陈寅恪诗"神州文化系，颐养好园林"；而 1950 年陈寅恪六十周甲，吴宓祝寿诗说"文化神州系一身"；1957 年吴宓又赠陈寅恪诗说"文化神州何所系，观堂而后信公贤"。

王观堂（名国维）先生在《沈乙庵先生七十寿序》称赞沈乙庵（名曾植）国家、学术、个体生命三位一体；陈寅恪先生称赞王观堂先生是学术的"托命之人"；吴雨僧（名宓）先生称赞陈寅恪先生是"文化神州系一身"。这都是说，一个人可以成为国家民族文化的寄托者。余英时先生自谓："我在哪里，中国就在哪里。"实际上也是自觉以中华文化托命之人而自励。

再回到上次电邮中所提及的钱宾四先生。钱先生在 1949 年后只身赴港，任亚洲文商学院院长，后来又创办新亚书院，其实他是以传承中华文化自任的。唐君毅先生有感于中华文化之"花果飘零"，所以他提倡"灵根自植"。我们可以看到，这些大师巨子，皆以文化传承自觉自任，所以才能有所成就。

上溯到三四百年前的昆山顾亭林先生（名炎武），他在明朝灭亡之际，毅然起兵抗清，企图保存中华衣冠文物，后来知道大势已去，在武力上无法与清兵抗衡，所以愤而著书，乃有《日知录》行世。他有"亡国"与"亡天下"之辨，他所说的"亡国"即是一个政权的倒台与更换，而他所说的"亡天下"乃是痛心于文化的沦丧与灭绝。所以他提出"天下兴亡，匹夫有责"，一个读书人对于文化的沦丧与灭绝有责任挽救它、匡扶它，而对于政权的倒台与更换并没有责任。所以他所说的"天下"是特指的，是有特定含义的。现代人在使用时常常混淆了"天下"与"政权"的概念，是歪曲了亭林先生的原意了。亭林先生在晚年所作的《又酬傅处士次韵》中说"苍龙日暮还行雨，老树春深更着花"，何其悲壮，而又何其高昂！先生之志节由此可见。我曾让你背诵亭林先生《精卫》，诗中有"我愿平东海，身沉心不改。大海无平期，我心无绝时"，字里行间勃勃跃动的是一颗坚韧而强劲的心，三百多年后读起来仍令人血脉偾张，气冲霄汉。他写这些诗文时，明朝早已灭亡，没有任何人要他如此做（清朝统治者只会不让他做），他也不是做给任何人看，然而他就是以道自任，自己担负起自己的责任。他不忍心坐视天下文化之沦亡，所以他要挽救这个文化传统，这就是他的伟大之处。

今天看似是一个发扬中国文化传统的好时代，然而却有许多小丑披着中国文化传统的外衣在贩卖中国文化的糟粕和不适合时代精神的垃圾。这一点尤须警惕。

父亲

2017 年 11 月 23 日于庐州天鹅湖畔

044

爸：

　　本周五我们结束了英美国家概况的考试。这门课并不难，但是需要花大量时间准备。我在考前听到了同学间的小道消息，大致确定了考试出题方向，然后有针对性地复习，算是投机取巧了一把。同学间为了能顺利通过考试，经常有类似于"情报贩子"一样的人存在，这在学生中也不是什么稀罕事，你也应该见到过。

　　你最近给我写的一封信我刚刚才看，于是就立刻给你回信了。最近发生的事情令人震惊，我难以想象在一个所谓的文明社会里会有这样的事件发生。老实说，我第一次看见某幼儿园的事件报道，我气得浑身发抖，随后感到脊背发凉。宿舍里的同学也在讨论这件事，我的意见是，变态在每个国家、每个时代都有，但至少在理性可以想象的范围内，我们不能说这是正常现象。但是像该幼儿园这样集体性丧尽天良事件，简直令人无法可想。这是幼儿园集体性的人性的沦丧。我们甚至可以想象，幼儿园中那些没有对幼童下毒手的教职工或是校内人员，他们难道不知道这些事件？可他们的反应是什么？难道就没有一个有一点点良心的人站出来？多么令人寒心！

　　我现在回想起你和我说过的话，我想我大概能理解你的意思了。事实上，我身边的很多同学都不能认识到现状，我也觉得十分悲哀。但是，通过这次事件，我也很欣喜地看到很多富有正义感的同学和朋友们为此发声。但是我们的言语太过轻飘飘了，简直对事件毫无影响。我希望能看见更多有良知的人能站出来，至少能告诉我这个社会还是有好人在的。

　　下周开始我们的学习又能步入正轨了。这两周我都没有认真看过书，希望在接下来的时间能静下心来好好看书。

沈晏齐

2017 年 11 月 26 日

045

爸：

　　这周我们的精读期中考试成绩出来了，我得了 70 分，在班里并不算优秀。班级最高分是 83 分，70 分以上也有 10 个人，我在班里的成绩属于中等，不及格的同学也有几位。我的卷子反映出我的基础语法很糟糕，虚拟语气相关的题错了很多，这是我去年考试中没有出现过的问题，我为此觉得对不起自己高中做出的努力。我看到身边的同学买来了专四的习题在做，我也打算在寒假的时候买一套来做。我的基础语法的确忘记了很多，我也应该在这方面多下点功夫，把以前的知识重新捡起来。

　　精读之外的课程考试结果都相当好，各种各样的 PPT 展示和上台演讲我都拿了比较高的分数，这也算是我的进步吧。我发现我们班的同学水平的确很高，虽然还不及高三同学的水平，但也是相当厉害的一群人了。我觉得在这样的集体里学习对我的好处很大，我能认识到更多厉害的同学。考完试那周五下午我们全班出去吃了火锅，这也是上大学来第一次，觉得很有集体的感觉，很温馨。

　　上周读完了俞阶青先生的《诗境浅说》，我觉得这是一本非常优秀的读诗入门作品。可以看出作者自己有很深的文学修养和造诣，写出来的文字简练而有深度，这使我想起了高二时郑泽宇送我的一本傅佩荣先生的《推开哲学的门》，两本书同样都只是对各自的专业略加点拨，却能清晰地看见作者深厚的功底。由此我发现，入门启蒙类读物和高深的研究性著作是同样重要的，即使是诗境"浅"说，没有深邃的积淀，也是想"浅"而"浅"不得的。这是我在读书后所联想到的最深的感触。

　　上周五晚上我和杨一晗参加了推理社团活动，玩角色扮演游戏，非常开心。周日和同学去了西安古观音禅寺，那里面植满了银杏树，遍地金黄，非常美丽，我在微信上发了几张照片给妈妈。那天因为比较累，我就没有回信或者是打个电话，正好今天就把信件补上。别的都没有什么，西安最近气温有所回升，正午甚至有点热，我们应该是元旦放假后就开始期末考试，到时候再讨论详细日程。

　　祝你和妈妈身体健康，注意保暖。

沈晏齐

2017 年 12 月 4 日

046

爸：

图书馆现在已经关闭了借书功能，但我找了我曾在微信上给你推荐过的那位同学。她借我一本韩少功先生的作品集，我在看扉页的作者介绍时，注意到他的一本著作名字叫作《马桥词典》，我想起来这本书好像在我们家也是有的。相对的，我也把你送我的《海子诗选》借给她看。说来惭愧，那本书我自己还没有仔细看，只是随手翻过。韩少功先生的作品我第一次读，他的文字就是那种老作家的感觉，不华丽却很真实，非常粗鄙的真实。我对这一辈作家的文字了解不多，以后有机会可以多读一读他们的作品。

昨天晚上我给妈妈打电话，谈到高中的生活。我忍不住多说了一点关于自己高三时的感受，那就是单调。我那时候总爱和同学开玩笑，如果把昨天的我的行动轨迹用一只投影仪投射在今天，我一定能看见，昨天的我和今天的我是重叠在一起的，无论什么时候，什么地点，我一抬眼就好像能看到有一个虚幻的影子，和我一起做着重复的动作，那的确就是我，是昨天、一周前、几个月前的我。这的确是一种非常奇妙的体验，也可能是我为数不多能在你面前吹嘘的体验了吧（笑）。

　　宿舍里也没有什么值得提的事情，只是陈泽华突然腿疼不能走路，今天已经在宿舍躺了一天，晚上背个书包回家去了。杨一晗去了他亲戚家，周日一整天基本上只有我一个人在宿舍，于是我下午骑了小黄车去樱花广场。那边有小区、人、商店，很繁华。广场上全是老头老太太，像我这样的年轻人一个也没有。最让我惊喜的是，广场上的喇叭放的音乐竟然是《天仙配》，非常好听。

　　希望我能顺利结束期末考试，早点回家吧。

沈晏齐

2017 年 12 月 11 日

047

爸：

上周我度过了一个忙碌的周末。学校布置了两篇作文，一整天都忙不过来。期末考试也快要到来了，我也希望这次期末考试能发挥得更加出色一些，至少比期中考试能更加优秀，回家也能有所交代。

最近几次写作课作业，我都得到了相当高的分数，在课堂上得到了老师的表扬。我之前和妈妈在电话里探讨过，写作课一开始讲的东西都很简单、很基础，我就没有认真听课，结果写出来的作业没有符合老师课堂要求，得分很低。后来我在课堂上认真听老师的要求，按照标准写出了作文，同时在语法和句子的流畅度上都有不错的发挥，自然也就能得到老师的赞赏。事实上，即使学习了将近一学期的写作课程，我仍然感觉我所写出来的东西还是很基础的小短文，其内容丰富性完全不能和高中时写的作文相比，我在向老师那里接受的英文写作训练，也比现在课堂上教授的东西难得多。大学完全从最基础的东西开始教起，让我有一种回到小学课堂作文的感觉，非常奇妙。

　　这周我的事情也很多，今早已经做了一个 presentation，是关于莎士比亚《春之歌——爱的徒劳》的一首英文短诗的赏析。明天在世界文明课堂上，我还要和另一位同学合作完成一个 presentation，内容是关于西方教堂建筑的介绍。周五要检查英美国家概况的笔记，我还要补一补。元旦之后，我估计就没时间给你写回信了，不过那时候距离我回家的时间也不远了，现在就姑且珍惜在学校的时光吧！

沈晏齐

2017 年 12 月 18 日

048

晏齐：

你好！

一边学习，一边调整，我想你会不断提高学习成绩的。

英文写作仍跟中文写作一样，它有一个表达准确的基础水平和表达优美的提高水平的区分。其实许多人终其一生都不能做到"表达准确"，所以福楼拜告诫初学写作的莫泊桑，一定要找到最准确的那一个字，其实这也跟我们中国诗人讲究"炼字"有相似性。照我的理解，"表达准确"的最高标准就是"表达优美"。如果表达得不准确，那是谈不上表达得优美的。所以最高最好的"表达准确"就是"表达优美"。朱孟实先生（朱光潜先生字孟实）的文章是表达准确的典范，我们也可以说他的文章是表达得优美的。他的文章看起来没有才华，实际上朱先生的文章是靠内在强大的学识支撑的。陶渊明的文章是另一个高不可及的典范。苏轼在《与苏辙书》中说陶渊明诗"质而实绮，癯而实腴"，这个评价是非常高的。"质"是质木无文，就是没有文采；"绮"是绮丽，文采斐然的样子，意谓看起来质木无文，实际上文采绮丽。"癯"是清癯，消瘦之意；"腴"是丰腴，丰满丰盛之意，意谓看起来枯瘦寡淡，实际上丰满丰盛。写诗作文，达到这个境界，才是真正的文章极致。

你现在的英文写作，仍以追求表达准确为前提，在此基础上，可以试着多用复杂句，多变换同义词，使文章看起来摇曳生姿。等写到一定程度，你又可以以一种经历过复杂的简单来写作，这就是我曾说过的"由绚烂归于平淡"。

所以苏轼赞美陶渊明、柳子厚（柳宗元字子厚）的诗文"所贵乎枯淡者，谓其外枯而中膏，似淡而实美"，写文章就是要做到"外枯而中膏，似淡而实美"。

从你的描叙来看，高中时在向老师那里学到的东西还是有用的。我相信你会不断调整好。

你今天转给我看学校的通知，由于供（天然）气不足，造成供暖不足，大学尚且供暖不足，那普通老百姓如何度过严寒？往年中国北方地区都是靠烧煤供暖，今年"煤改气"，为了减少污染不再烧煤而改烧天然气，这肯定是好事。但是前期工作未做好，造成供气不足，许多地区无法供暖。你们学生还可以回家过寒假，那些北方地区的老百姓要度过整整一个冬季，怎么办？当地官员是怎么为老百姓着想的？他们该怎么把民生工程办好？因为政府官员是拿着工资的，是拿着老百姓的纳税钱来干事的，他们就应该为老百姓办好事。他们不是做好事不拿工资的，他们有责任和义务为了人家钱的人办事。因为官员和老百姓之间有契约，虽然没有形成书面文字，但是是有口头约定的。官员拿工资，就应该为老百姓办事，这其实也是一个契约关系。可惜的是我们今天的某些官员尚无这个认识水平。

柳宗元有一篇《送薛存义序》，他指出"凡吏于土者，若知其职乎？盖民之役，非以役民而已也"。就是说如果你在一个地方当官，你知道自己的职责吗？你是为老百姓做事，而不是役使老百姓为你做事。为什么呢？因为老百姓给你提供了俸禄（即工资）。柳宗元接着打比方说："向使佣一夫于家，受若值，怠若事，又盗若货器，则必甚怒而黜罚之矣。"他说做官为老百姓办事，就好比你家雇佣一个保姆，她拿着你家的钱，还怠慢你交代的事，甚至盗窃你家的财物，你一定对她很恼火并且要惩罚她。所以当官的原本就应该好好替老百姓做事，如果光拿钱不做事，那跟请一个光拿钱不干活的保姆有啥区别？你可搜《送薛存义序》（https：//baike. baidu. com/item/％E9％80％81％E8％96％9B％E5％AD％98％E4％B9％89％E5％BA％8F/10976842？fr＝aladdin），阅读一下全文。

这几天还比较忙，我暂时写这么多。在供暖不足的情况下，我只好提醒你注意保暖，在宿舍别脱衣服，这是没有办法的事。我许多时候都在想，我一直在逃离。我没有能力改变，我只好逃离，也许我是懦夫，但我绝不是丧失良知的睁眼说瞎话者，也不是无耻地对着丑恶而歌功颂德者。

父亲

2017 年 12 月 19 日于庐州太阳海岸

049

晏齐：

你好！

我现在把我的考博情况做一个总的介绍。

吕思勉先生是中国现代著名的史学家，长期在华东师范大学及其前身光华大学任教。所以十年前，华东师范大学集合中文系、历史系、哲学系和古籍所的骨干教师组建"华东师范大学思勉人文高等研究院"，意在培养兼通文史哲的博士生和硕士生，培养思路是"精英化、国际化"，所以招生数量很少。硕士每年10名以内，博士每年5名以内。因为是文史哲兼招，所以文学类每年几乎只招一名博士生；吕思勉先生毕竟是史学家，所以史学类可能会招两名博士生；其他语言类招一名；哲学类招一名。五个博士生名额基本是这样分配的。被思勉高研院录取的博士生，享受的待遇高于华东师大其他文史类院系所所招收的博士生，不但有专项津贴，而且可以全国选课听课，还可以到国外访学（费用由国家或者学校支付），这个诱惑力吸引更多优秀硕士前来报考，所以竞争之激烈可想而知。

被思勉高研院录取的难度不仅在于竞争激烈，还在于它不是导师一个人说了算。你可能不知道，中国的博士招生，虽然也是考试，但是决定权主要是博士导师。然而思勉高研院的报考采取的是国外通行的"申请—审核"制，它有一个多达 17 人的评审小组，必须达到三分之二（含三分之二）的评委投票才能被录取，也就是说，考生要获得 12 人的认可，这就比获得一个导师的认可难度大得多。我也注意到，今年全国许多名校，包括北大、清华、南大、复旦、中山大学、厦门大学等已开始部分实行"申请—审核"制博士招生模式。我觉得这一招生模式对综合素质高的考生是有利的（你应该属于综合素质不错的），而英美国家和香港地区高校早已采取此模式招收博士生、硕士生。

　　我的申请劣势在于：（一）跨专业申请，我硕士所学专业为比较文学与世界文学，申读博士专业为中国古代文学，从我所持有的硕士学位证书来看，我不是中国古代文学专业科班出身；（二）年龄偏大，2013 年及此前年份，博士招生都有年龄限制，要求 45 岁以下，从 2014 年开始，博士招生无年龄限制，但人们普遍认为一个 48 岁的人还考博，入学就读时 49 岁，毕竟是有些奇怪的；按照陈建华老师的说法，我读博士可能是华东师大历史上博士生年龄中破纪录的。

　　我的优势在于：（一）我自己在中国古典文学方面有一定专长，也曾发表和完成数篇关于旧体诗词的研究论文，尤其是所撰写的五万字长文《今情古典，史识诗心——陈寅恪诗论》获得美国普林斯顿大学讲座教授余英时先生的赞许，并发表在香港城市大学郑培凯教授主编的《九州学林》上；（二）我所报考的华东师大中国古代文学专业博士生导师胡晓明教授、我的硕士导师陈建华教授、我的硕士老师王圣思教授、我所认识的华东师大王元鹿教授都非常支持我。他们的鼓励给我很大的动力。

现在说到报考程序。据思勉高研院学术秘书 12 月 6 日通报，本年度有效报名人数 33 名，经导师筛选、甄别，有 16 名考生进入推荐人选，也就是第一轮淘汰 17 名。第二轮是面谈，于 12 月 11 日－12 日进行，每位进入推荐人选的考生分别与四位老师面谈，根据面谈成绩，有 10 名考生进入面试，也就是第二轮淘汰 6 名。12 月 13 日面试，最终录取 5 名博士生，也就是第三轮再淘汰 5 名。

我在 12 月 6 日进入 16 名推荐人选后，给胡老师写电邮请教如何应对面谈面试。胡老师回复电邮："喜阳，还要准备过关斩将。你的竞争对手主要是史学的学生，都是学富五车，评委主要看知识基础是否宽博，问题意识是否突出，概念思路是否清晰，当然，情怀也很重要。"我当时即想"过关斩将"岂是易事？我 12 月 8 日整理出一套 11 月 18 日报名华东师大考博申请材料的纸质版：（1）个人陈述；（2）研究计划；（3）论文两篇；（4）硕士论文；（5）英语成绩；（6）其他材料。

最后我再说一下考博的感受。

一、人还是需要外在的肯定。我自认我的水平，应该与一个中国古代文学博士的水平差距不大，但这毕竟是我私下的看法，不能得到社会的公认。而我现在考取华东师大博士生，这件事仍能给我以动力，这就说明人不能脱离外在的肯定。当然人必须有内在的自我，没有内在的自我，任何外在的肯定也毫无用处。

二、人必得先证明自己值得别人帮助，然后别人才会帮助你。

我这次考博，得到胡晓明教授、王圣思教授、陈建华教授、王元鹿教授四位老师的支持、鼓励和帮助，我当然不敢忘记他们的恩德。但是如果我毫无实力，即使我人品好，他们也不会帮助我；或者即使我祈求他们帮助，他们也不可能帮助我。我想一个人接受帮助并不显示出你的无能，重点是你要展示出某种能力，让能够帮助你的人认为你值得这个帮助，这样，他们才会给你提供精神上的支持和鼓励。

　　三、人在任何时候都要自强不息，挑战自我。我完全可以安于我的编辑职位，我有一份体面的职业，也有一份可以接受的收入，我周围百分之九十以上的人，都安于做一份维持现状的工作。我原本也可以如此，但是我不甘于放松自己，我想挑战自我，超越原有的自我，我必须自强不息。

　　晏齐，我把这次考博的过程详细写出来，就是希望给你以启发。

父亲

2017 年 12 月 25 日圣诞节于庐州太阳海岸蜀望楼

第三辑 } *2018*

一个人只有不带有他自己所处环境的枷锁，

超越于他所处时代的弊病，

他才能高飞远鹜，

翱翔在自己的天空，自由的天空。

050

爸：

　　新学期开始，我也做好了各种准备活动。报到第二天我就买好了学习资料和新课程所需要的教材。因为去年已经有过类似的经历，所以也不会有手忙脚乱的情况。我们更换了听力老师和体育老师，其他的老师都一样，我觉得这很好，还是熟悉的老师，也能更容易融入课堂。

　　今年我们宿舍一位同学在外面租了房子，偶尔中午会回来一趟，宿舍更加冷清了，不过我觉得这样也很好，宿舍更清静了。唯一有一件让我觉得遗憾的事是我没能和室友选到同一节体育课，以往都是和室友一起上体育课，一起大汗淋漓，然后一起去洗澡，现在我所在的体育课上也没有认识的人，觉得室友间的联系不够紧密了。

　　法语是一门贵族语言，这是我们老师说的。我同时也了解到，法语是联合国指定第一书面语言（英语是第一口头语言）。法语语法严谨，发音很有特色，相对于英语较难，但是我有信心能够学好这门语言。我下载了几个学习法语的 App，方便自己学习。法语和英语一样有相同的 26 个字母，单词也有很多和英语一样，但是发音不同，这是我现在需要克服的一个大难题。

　　最后，我们学校的图书馆闭馆装修，可能要到明年才能开放。现在我就在学校安排的自习室读书学习，老实说和图书馆还是有点差距，不过比宿舍要好很多了。

　　4月21日进行专四考试，现在我要努力为专四复习，希望能以高分通过专四考试。希望你和妈妈身体健康，工作顺利。

沈晏齐

2018 年 3 月 11 日

051

晏齐：

你好！

我曾和你谈起过本科毕业之后的前途规划。本科毕业后，一是就业，一是升学。而就业是我们都认为不用考虑的，所以升学就成为不二的选择。其实升学之途有三：保研、考研、申请香港或海外读研。

在这三种升学模式中，保研是最省事的，而且也最早知道结果（一般大三下学期就报名保研，最早暑期就能知道结果），但是它要求要有很好的平时成绩，必须在全学院排名很靠前（比如你所在的英文学院前 15 名）。如果你想走这条升学路，那么还有三学期的时间供你努力。一旦获取保研，那么第四学年可以很轻松愉快地度过，做一些自己想做的事。

考研竞争是最残酷的，且许多名校对外招收名额极其有限。由于保研的原因，且很多名校只相信本校的本科生，所以招收校外学生的名额越来越少。考研还比较焦心，因为最终结果要到大四下学期的五六月份才能出来。但是你也有相对的优势。我觉得如果笔试能通过，面试时你的综合素质还是能有所体现的。

申研又分两种，一种是申请香港高校研究型硕士 MPhil（Master of Philosophy），这是难度最大的。学校所给的奖学金，除了满足学费、生活费的需求，还能有不少盈余，它的奖学金额度远远高于内地保研的硕士生所能拿到的奖学金数量。还有是申请专业学位型硕士 MA（Master of Art），香港和国外都有，这是难度最小的，但是要交很多学费，且 MA 学位也比 MPhil 含金量低，不必考虑。

所以从已有情形来看，我们的目标是：①在将来的三个学期（大二下，大三上、下），力争取得好成绩，将总排名挤入英文学院前 15 名，这是有难度的，但是并非不可能。②如果到大三下学期争取不到保研资格，那就做好考研准备。③无论是获得保研资格，还是必须考研，都可以在大四上学期末尝试申研香港高校的 MPhil。

当然我所说皆是长远规划，目前还无须做，不过我们应为此目标而努力。凡事预则立，不预则废。你已经很快进入学习角色，这很好。二外是外语专业类学生必须拥有的技能，而且法语也是我们当初填报西安外国语大学的首选，其重要性不言而喻。我希望你从现在起，重视每一次考试，不断提高自己的排名。目前当然是全力以赴备考专四，这个备考也是提高你的总体英语实力，一切都靠实力说话。

我们今日的时代，正如狄更斯所说，这是最好的时代，也是最"坏"的时代。提高自己的实力，在这个时代，让自己具备多一份选择的能力，比什么都重要。我不想空谈自由。比方说，祖母的能力使她只能在池州乡下生活，我的能力使我只能在中国合肥生活。而你，如果具备既可以在中国生活又可以在美国生活的能力，那么，在祖母、我、你之间，谁更自由，谁更快乐？而这种自由和快乐的取得，又靠什么？

愿你在紧张学习的同时，照顾好自己的生活。我和你妈都很好。

父字

2018 年 3 月 12 日于庐州天鹅湖畔

052

晏齐：

　　你好！

　　我看你上周双休日没有写电邮，是最近很忙，还是身体不适？李清照词说："乍暖还寒时候，最难将息。"在这个早春时节，注意不要过于贪图凉快，而招致感冒侵袭。我知你最近在忙于准备专四考试，我仍愿把我关于学习的一些想法告诉你，以供你参考，虽说大体上是上周六我电话中所说的。

　　我非常反感现在的教学模式，它令我想起一个古人的词：嚼饭喂人。

　　后秦时代的著名佛教徒，也是佛教史上非常著名的翻译家鸠摩罗什说："改梵为秦，失其藻蔚，虽得大意，殊隔文体，有似嚼饭与人，非徒失味，乃令人呕哕也。"哕，音 yuě，呕吐、气逆之意。鸠摩罗什原意是说把印度梵文佛经翻译成中文，失去了原文的文学性，就好像把饭咀嚼过后再喂给人吃，不但失去了饭的味道，也使被喂吃的人感到恶心呕吐。罗什说的是翻译，而我觉得可以移用来比喻教学。教师把所有的知识点都归纳总结好了，就好比把饭嚼碎了，然后一口口地对着学生的嘴里喂进去。这种教学方法，就是我们早已唾弃的"填鸭式"教学。越是好的学校，越是好的教师，越能将知识概括总结得非常到位，也就是把饭嚼得越是特别稀烂，学生越是不必动脑筋，只要张着嘴巴，等着教师来喂。这样的教学，学生哪有一丝一毫学习的乐趣？纯粹是被动地接受喂食，不会经过消化，也不存在吸收，被喂食得越多，就越是营养不良，就越是不肯再接受新知识，反而要把已有的知识给呕吐出来。我想着中国当代千百万被喂食的一代人，家长、老师、学生在合谋。

在你的初中和高中时期，你被裹挟了，加入补课的行列；而我被绑架了，进入了支持和鼓励子女补课的家长行列，其实我内心很反对补课。但是我主观上认为，当时你的潜意识中，以为补课可以提高成绩，我是从通过补课这种行为来提升你的自信心的角度出发，同意你参加补课的。亦即我自我劝慰，花钱买信心。当然从短期看，补课可能对成绩有所提高，但是从长远看，补课却退化了你的学习能力。今天我们回过头来看你高中三年的学习，看你所参加的补课，到底意义何在？价值何在？我觉得也许英语的补习只是起到一定的强化基础的作用，当然这是我的看法。你是当事人，你现在回过头来反思一下，你觉得补课除了盲目增加你的自信意识，还起到了哪些作用？我们可以设想一下，如果你不盲目追随老师，做那么多习题试卷，而是坚持自主学习，发现自己的薄弱环节，自己补缺补差，我想你既不必那么劳心劳力，也可以取得不错的成绩，最重要的是，增强了自主学习的能力，而这种自主学习的能力将使你受益一辈子。我觉得以你的智商，在这种自主学习模式中，高考成绩超出一本线

50分，也并非难事。但是这样学习是孤独的、寂寞的，是完全自主摸索的，连我这个做家长的，也不敢冒这个风险，我们又怎么能要求你一个成长中的高中生有这种战胜孤独坚持自主摸索的勇气和毅力呢？但是我现在时常反思，我觉得我错了。我在你的高中阶段，任你被裹挟，任我被绑架，是我的一种媚俗，是向世俗投降，是放弃了帮你提升自我学习能力的重要阶段。你现在进入大学学习，我必须提醒你，一定要锻炼并提升自己自主学习的能力。我不希望等到两年后，你大学毕业，我那时反思，我们又错在何处。我希望你现在不时抽出时间想一想，两年后你大学毕业，如何评价自己的大学生活，有没有根本性的战略错误，有没有养成自主学习的习惯。

我曾有一个观点，即教学的最高境界是使受教育者"不教而能自学"。

这世界上的知识是无穷无尽的，已有的知识即使穷一个人一生之力，也学不完掌握不了，而新增加的知识更是日新月异突飞猛进。如果学习全部靠老师教，则老师永远教不过来，所以真正的好老师，只能教给学生学习的方法和能力，而不是教给学生所谓的知识本身。这也就是古人所说的，"授之以鱼，不如授之以渔"。交给学生一条抓来的鱼（知识），不如教给学生抓鱼的能力（如何获取知识）。如果在大学阶段，学生还指望老师嚼饭喂自己，那这个学生就是一个废人。我们沿用这个比喻，我认为理想的学习状态，就是在高中阶段，学生已完全学会自己吃别人已做好的饭。在大学阶段，学生要学会自己做饭自己吃。到硕士生阶段，学生还要学会自己找米——种稻也好，买米也好——总之要学会找到做饭的原料，然后再做饭，再吃饭。到博士生阶段，学生至少要部分为别人创造新的做饭的原料，或者是新的做饭的方法。当然到博士生阶段，也可能还需要向别人请教，然而这个请教，是以"我"为主，是我在自我学习中遇到的问题，我向人请教的是"我"的问题，而绝不是向人请教"老师"的问题。这种请教"我"的问题，虽说是请别人"教"，却也是自己"学"。

　　那么老师的"教"，究竟在哪一方面体现呢？也就是"教"的作用到底在何种时机才是最切合的呢？《论语·述而》曰："不愤不启，不悱不发。"朱熹注解："愤者，心求通而未得之状也；悱者，口欲言而未能之貌也。启，谓开其意；发，谓达其辞。"意思是：不到学生努力想弄明白，但仍然想不通想不透的程度时，就不要去开导他；不到学生心里明白，口中却不能完善表达出来的程度时，也不要去启发他。教师必须在学生愤悱之时才能点拨引导启发提醒，这就是"教"的时机。这虽然谈的是老师的教，可是我们也可以从学生学的角度来理解。学生必须先自己努力想弄明白，如果学生没有进行一番想弄明白的努力，则老师的开导是不必要的，也就是不起作用的。如果学生已经心中想得清楚明白，但是苦于无法口头表达时，老师才可以启发他、提醒他，否则老师就不要提醒他、启发他，即使提醒启发也是白费工夫。一言以蔽之曰：学生无愤悱，教师不启发。相对于教师的"启发"，我觉得学生的"愤悱"更重要。经历过"愤悱"的学生，才体会到老师"启发"的价值。天分高的人，经历过"愤悱"，就会自己得到"启发"，这就是学习中豁然开朗的境界。天分低一些的人，经历过"愤悱"，冥思苦想之后，得到老师的稍加

"启发",问题就迎刃而解,这就是学习中恍然大悟的境界。王阳明如果没有经历过"龙场悟道",没有经历过人生中的"愤悱"和自我"启发",那他就不是今天仍能予人以"启发"的心学家王阳明了。

如果说,我这些年读书有所得的话,那么这"得"即在于我的自我学习。我记得我初一暑假结束时,我就自学初二数学中的一元二次方程,自己对着书本看,一开始怎么也不懂如何解一元二次方程,但是过了几天就豁然开朗了,到后来又自学三元一次方程的解法,所以我后来学数学就轻而易举了。这就是我经过自己的"愤悱"而又自我"启发"的经验。我读硕士时,我的导师陈建华教授让我写一篇关于索尔仁尼琴的学术史文章。我根本不懂学术史研究为何物,我就自己写,谈自己对索尔仁尼琴作品的看法。陈老师看后说,不是这么写法。他没有告诉我应该怎么写,他把别人一篇关于纳博科夫的学术史研究的文章发给我学习。我立刻就明白学术史研究的文章不是谈我的心得,而是综述已有的研究成果。这就是我经过自己的"愤悱"而得到老师的"启发"的经验。所以我想,无论是自我"启发"还是老师"启发",必先经过自己的"愤悱",才能有真收成。

我希望你能自我反思一下,自己现在的学习究竟在何种程度上是自己在学,而不是被动地跟着老师在学。我一直认为,你的天分不错,而目前的教育大环境其实是伤害了你。它剥夺了你自我学习的可能,它逼迫你囫囵吞枣,被人喂饭吃。虽然说自主学习的能力不可能一蹴而就,但自我学习的习惯必须有意识培养。我觉得这是你在大学阶段最需要有意识自我培养的一件事。现在中国有高学历的人越来越多了，有钱的富二代也越来越多了，但是有学问的人却越来越少了，有富有感的人却越来越少了。这是为什么呢？因为高学历的人没有把书本的知识转化为自己的学问，因为承继财产的年轻人没有把父母的金钱转化为自己的财富。只有自己悟了的知识才是真学问，只有自己挣到的金钱才是真财富。我曾指出知识与学问的区别。我认为知识是死的，而学问是活的，是有"学"（自己愤悱）有"问"（请别人"启发"）的结果。金钱是钞票，而财富会带来幸福感。

　　这个世界上的人，总是把希望寄托在他人身上。家长把孩子的学习寄托在名校身上、老师身上，这就是中国学区房的根源，也是补课风的根源。家长把自己不能实现的愿望寄托在孩子身上，这就是家长宽以待己而严于律子的根源，这就是中国有那么多傻子的根源。我想把希望寄托在我自己身上。我到世上来，是为了完成我自己的一份责任，我的任务靠我自己来完成。我不能指望你来完成我的责任。比如我想被称为"沈喜阳博士"，所以我自己去读个博士，我不能指望你将来读个博士，让我变成"沈晏齐博士的父亲"。我这么说，并不是说我对你没有期望，我对你的期望，就是成为你自己，成全你自己，就是我在你19岁生日之际给你写的信中所说的"自昭明德，自我实现"。

父字

2018 年 3 月 21 日于庐州太阳海岸

053

爸:

　　我已经逐渐习惯这学期繁忙的课表,学习起来也没有什么问题。学校给我们发了很多专四习题,我也每天做一两篇,考过专四应该没什么大问题。

　　最近有个同学给我提出了这样的疑问,他觉得我们现在的大学生活很无趣。他在朋友圈看见别人发照片,写游记,觉得别人的生活很精彩、很丰富,自己却每天只是做着重复的事情。他渴望像别人一样活得很潇洒,可是他成绩不好,迫在眉睫的专四考试已经让他苦不堪言,与此同时他也就更加羡慕那些玩得舒服、学习又好的同学。我举他的例子,不是说我也有类似的疑惑。我自认为我不羡慕那些天赋异禀的同学,也不羡慕那些无忧无虑的富家子弟,我们只要专心于眼前的目标,该有的总有一天都会有,可惜我的那位同学似乎不能明白这个道理,我替他觉得很不值得,白白地增加自己的心理负担。

　　上次打电话,你提到了要我多去结识不同的朋友,其实关于这个问题,我一直没有说明的情况是,我觉得从我的小学开始,我就交了过多的朋友，浪费了我大把时间，尤其是高中，我那会儿男生缘、女生缘都很好，同学更是送我"居家好男人"的称号。我那时洋洋得意，乐在其中，经常不顾自己的实际情况，夸下海口帮助他人，结果就是浪费了我很多时间。因此，我在上大学后就暗自发誓，自己不能再到处交朋友，尤其是女生朋友，尤其令我苦不堪言。但实际上，由于我天生的性格使然，我还是交了不少朋友，当然和高中时"呼风唤雨""前呼后拥"的我比起来，还是差了一大截的。

现在，随着我逐渐懂得事理，又在电话中听了你的分析后，我觉得朋友还是要交的，不论男生女生，只要有共同语言，都可以成为朋友。最重要的是，我可以从朋友身上学习到有价值的事物。我现在班里有很多的朋友，由于这所学校本身的男女比例，她们大部分都是女生。当然，这些都不能算作是真正的朋友，但我至少每天都有人说说话，逗逗乐，生活就会变得很有趣。班级之外，我也在社团和年级认识一些朋友，事实上大学交朋友很困难，不如初中和高中那么真挚，但这个过程是十分有趣的。发自内心来说，我还是喜欢被一大堆朋友围绕着的感觉吧。

目前只想到这么多，如果你想详细了解下我的一些关系不错的朋友，下次我可以详细介绍。

沈晏齐

2018 年 3 月 26 日

054

晏齐：

你好！

关于交朋友，我读了你的电邮，才发现我上次电话中并没有表达清楚我的想法。现在根据你的反馈，我再谈点我的想法。

我觉得孔子有一句话讲交友很到位："毋友不如己者。"意思是不要和不如自己的人交朋友。这句话看起来很功利，一般人可能会拒绝认同这个说法。比如有甲乙丙三人，甲最佳，乙不如甲，丙不如乙。照孔子的说法，乙不应该与丙交友，他应该与甲交友。但从甲的角度来说，既然乙不如甲，则甲也不该与乙交友。丙虽然应该与甲或乙交友，但甲或乙不应该与丙交友。理论上甲应该与超甲交友，而超甲却不应该与甲交友。这样一来，人与人之间就无法交友了。

但是我认为不该这么死板地理解孔子的话。孔子还有一句话："三人行，必有我师焉。择其善者而从之，其不善者而改之。"我觉得可以联系这句话来理解上句话。别人的言行中，必有可取之处，择善而从，而对其不善者，则反思自己、有则改之。结合这句话，我想说，交朋友时，一定要发现朋友的长处，只要有某一点长处，就可以与之交往。如果对方一无是处，当然不必与之交往。这也就是孔子所说的要交"益友"而不要交"损友"。损友的害处，正如《学记》中所说："燕朋逆其师，燕辟废其学。"

你高中时当然也不是毫无原则地随意交友，不过你也认识到这样泛泛交友，其实很浪费自己的时间，且也无法交往到真正的知心朋友。我可以进一步强调的是，"好人缘"绝不是友谊。"好人缘"会使你陷入一种虚幻的友谊的包围圈中，似乎你有很多好朋友，其实那是假象，它对你个人的境界没有任何提升。列夫·托尔斯泰的长篇小说《安娜·卡列尼娜》就写了一个好人缘的奥勃朗斯基的形象，最终在他遭遇困难时，没有一个朋友来帮他。不要洋洋自得于做"老好人"似的朋友，真正的朋友宜精不宜多，真正的朋友也不可能有很多。因为年轻人最容易受周围人影响，一个奋进拼搏积极向上的朋友会给你带来前进的动力，而一个无所事事消极颓废的朋友会使你懒散不前。所以我希望你目前与思想深刻、成绩优异、品行高尚的同学多来往，这样你才会从他们身上汲取营养和动力。为了使你配得上这样的朋友，你也必须自我提升、自我要求，也反过来带给朋友以促进以鼓励。好朋友的共同促进必然是相互的，如果没有"相互"，这个朋友之"好"，也不可能长久维持。你说要从朋友身上学到"有价值的事物"，而朋友也可以从你这里得到"有价值的事物"，这才是缔造长久友谊的基石。

愿你在大学阶段收获一两个可以持续一生的挚友。

父字

2018 年 3 月 26 日于庐州天鹅湖畔

055

爸：

　　上周日我去了大雁塔，算是今年的踏春活动。大雁塔广场里种满了粉红色的樱花树，花瓣随风飘扬却不下落，游人也能从花瓣的空隙看见大雁塔庄严的身姿。小贩兜售商品的叫卖声和小孩子欢乐的呼喊声，使得整个广场美丽又不失活泼。总的来说，我在西安度过的这个四月的第一天还是非常舒适和惬意的。

　　这周我们上课到周三，周四、周五、周六是清明节放假，我和杨一晗会在第二天去市里看漫展，算是清明节的一个小活动吧，剩余的两天就好好看看书，复习专四。事实上，清明节很多同学都要回家，估计到时候宿舍又只有我和杨一晗两个人，不过我觉得这样也挺好的，平时宿舍里面人就很少，我也逐渐习惯这点了。

　　现在值得注意的事情就是法语已经学到非常难以进行下去的地步了。我们的法语老师对我们很严厉，这周的法语课还要背诵课文，课下也有不少作业，而且我觉得每天学到的新知识很多，学起来有点吃力。与此同时，我还要备考专四，所以事情实在有点多，上周出去玩了一趟之后，回来一忙又把写电邮的事情忘记了。

　　你发给我的武当山的照片我都看了，我觉得很好，人年纪大了就应该享受生活，把年轻时候没有实现的梦想都去做一做，想去的地方看一看。正好妈妈也喜欢出去玩，正好一起去运动一下也很好，我也挺羡慕你们现在的生活。希望以后我也有机会去武当山玩一玩，哈哈。

沈晏齐

2018 年 4 月 2 日

056

晏齐：

你好！

我本来很担心你们学校对二外不大重视，现在听你说法语老师很严厉，我倒觉得于你而言未尝不是一件好事。我们常说，吃苦在前，享乐在后。我当初期望你考中南京师大外语专业，就是因为我发现该专业要求学生必须一外达到专八，二外达到专四才准毕业。从我内心来说，我也是希望你英语能通过专八，法语能通过专四。有了这样的语言基础，你今后的求学之路才会更宽，人生之路也随之更顺。所以暂时吃力一点，刻苦一点，不算什么。只是目前在积极备考英语专四，时间稍微紧张一点，等到月底专四考完，就相对轻松些。

你要逐渐熟悉并适应，学习是一个人的事，有人陪伴更好，没有人陪伴可以更专心。人生中关键时刻肯定是要一个人独自面对的，我这样认为并不是说不享受生活。几个志同道合的好友一起游山玩水，就是一件赏心乐事。享受生活时可以有群体，钻研学问时注定要孤独。书要你一个人看，理要你一个人悟。我向来认为课堂学习只是初步，真正的学习是自己研读。你说你已逐渐习惯宿舍人少的情形，这是好事，这是在往正确的路上行走。我想到你能自己逐渐紧张起来，逐渐适应孤独的求学之路，后面我就可以更少操心你。

我觉得游玩山水，更重要的是游玩山水中蕴含的历史和文化。原生态的山水是一种美，人文化的山水更是一种美。我看你描述的大雁塔周围风光，就纯是原生态的自然。如果你能想到大雁塔是玄奘大师亲自督建，并在此辛苦译经；如果你能想到塔中供奉着舍利子、贝叶经和佛教文物；如果你能想到"雁塔诗会"，有许多著名诗人，如杜甫、岑参、高适、储光羲等登塔赋诗；如果你能想到唐代考中进士的人喜欢"雁塔题名"，把自己名字题在大雁塔上，而白居易当时在同行的十七个考取的人中年纪最轻，曾写下"慈恩塔下题名处，十七人中最少年"的得志诗句，你一定会对游玩大雁塔有更深的感受。这些有关大雁塔的知识，在网络上随便一搜就可以得到。黑塞说："我们先得向杰作表明自己的价值，才会发现杰作的真正价值。"如果没有相应的文化和历史知识，在观赏所有的景物，尤其是人文景观时就错失了更高的意义。

你知道，大雁塔前的广场上有一尊玄奘塑像。我们来假设一下，如果这广场上随便堆着一摊零散的铜原料，也许不道德的人会想到捡回家卖钱。又或者将这堆铜原料随便塑成某个人形，路过的人可能会说这是什么破塑像，甚至踢上一脚。第三个就是塑成玄奘大师的铜像，路人即使不顶礼膜拜，也不会动其他歪心思。本质上是一模一样的铜，而这三个造型留给观看者的感觉和冲击是判若云泥的。我们再来假设一下，同样是这尊玄奘铜像，一个无知无识、对佛教更一无所知的人来看，只会无动于衷，飘身而过。一个读过书略知佛教且对玄奘稍有了解的俗家人来看，会赞叹一声，感慨一下。而一个虔信佛教深研佛理饱读玄奘所译佛经的得道高僧来参拜玄奘铜像，他会驻足默立，甚至扑倒在地泪流满面。三人所看的同是玄奘铜像，但是三人所看到的所想到的有天壤之别。

我拿这两个假设，要说明什么呢？

第二个假设说明，面对同一个客体（比如玄奘铜像），不同的观察主体因为自身因素的不同，会产生不同的情感体验和审美意识。一个客体可能具备多重价值或意义，但是它需要主体去发现。主体对客体了解越多，则主体认识、发掘、同情客体会越深。主体必须把自己的学识、精神、情感全部灌注到或者说投射到客体身上，才会产生与客体合而为一的境界。第一个假设说明，本质上相同的物体（比如一堆铜原料），因为不同的外在造型，而具有了不同的意义。事物的外在形状会给予事物超出事物本身的意义。历史和文化就是给予原生态的自然山水以不同的外在形状。所以，原生态的自然山水本身具有一种意义，而拥有历史和文化的原生态的自然山水就拥有了超出本身意义的更高的意义。

我们都知道王阳明有一段很有名的话："你未看此花时，此花与汝心同归于寂。你来看此花时，则此花颜色一时明白起来。"我来引申一下此话的意思。"此花"，我们可以看作是原生态的自然，也可以看作一堆铜原料。"你来看此花"，我们可以看作是人文化的自然，是主体把自己的学养和精神赋予原生态的自然，投射到原生态的自然上，也就是把铜的原材料加工成形。"此花颜色一时明白起来"，

"明白"当是明亮之意，于是原生态的自然就拥有了超出本来意义的更高的意义。而"你未看此花时"，则是原生态的自然和人文化的活动两两分离之时，所以"此花与汝心同归于寂"，原生态的自然与人文化的活动分之两伤。既然"此花颜色一时明白起来"，则"汝心亦当明白起来"，心里也亮堂起来，原生态的自然与人文化的活动合之两美。

我们也可以说，善于学习的人也是把原生态的知识和学习者的精神活动联合起来的。如果学习者没有把自己的精力和情感投射到学习对象上去，则知识本身与汝心"同归于寂"；如果学习者把自己的精力和情感投射到学习对象上去，则知识本身与汝心"同时明白起来"。比如同样一段法文，如果我们仅仅把它看成一个个孤立的字母，那么它是非常枯燥乏味的；如果我们知道它背后所承载的法国历史文化，而你又能把自己的学识和情感投射到这段法文上，你对它的喜爱和认知就会远远超出文字之上。

我一直在想，许多人之所以投入了许多学习时间却收效甚微，其原因就在于学习者的精力和情感与学习对象是两两分离的，是"同时归于寂寞"；只有当学习者把自己的精力和情感灌注到学习对象上去，两者合二为一，才是"同时明亮起来"。我希望你的学习，是把一堆铜原料铸造成玄奘铜像，是给无生命的以生命；我也希望你的学习，是像一个虔信佛教深研佛理饱读玄奘所译佛经的得道高僧来参拜玄奘铜像，是"此花"与你同时明亮起来。

父亲

2018 年 4 月 3 日于庐州太阳海岸

057

爸：

最近我们上课内容基本是以专四复习和讲解题目为主，原本的课文内容基本暂时放了下来，有那么一点点像高三的样子。上一周我去书店买了专四词汇书，手机上背单词总是觉得不如书上背的效果好。目前我主要就是词汇问题，这几天抓紧背背单词，专四应该问题不大。

最近我报名参加了两项赛事，一项是昨晚提到的校内乒乓球排位赛，另一项是四月底举行的校内跳绳比赛。上周，我在我们班一位同学的带领下进入了西安外国语大学乒乓球协会，这位同学自己是协会副会长，球技一流，同时也是校队成员，不是我们这些打野球的人能比的。我和他经常晚上出来练球，他给了我很多专业的指导，让我获益匪浅，我的球技也有很大的长进。这次比赛也是他鼓励我去参加的，我又发动了班里另外两位女生和我一起参加比赛。事实上，这个比赛只要报名就有两个学分，不管你战绩如何，但是报名要交十元报名费。很多人都是冲着那两个学分去的。让我很感动的是，比赛开始的前一天，副会长同学给我和另外两名参赛的女生都发了一个十元红包，说是谢谢我们给他面子报名参赛，所以那十元参赛费用算是他请我们的。那两个女生觉得不好意思，又不敢收，就找我拿主意。我详细问了副会长，才知道这次比赛有很多校队成员也报名参加，他担心我们一开始就会遇到这些强手，被零封出局，造成不好的比赛体验（事实上我昨天碰到的那位大四学长就带给了我这种体验），因此想用这种方式弥补一下我们的感受。我就给副会长回复说，我们都是真心喜欢乒乓球，才去参加比赛的，并不是给你什么面子，而且能有机会和高手交流球技，也是难得的机会，因此这个钱我们不能收。副会长看到我们这么说，也就没有再坚持要我们收钱了，那两位女生也觉得我的做法很好。这是我一次人情交往的体验，我自己觉得这件事的处理上没有什么问题，如果有也希望你能指出来。

至于跳绳比赛，已经是专四之后的事情了。对这个项目，我是势在必得，一定要拿冠军。因为在初选阶段，我就拿了第二名，且只比第一名的同学少跳一个，因此我对自己很有信心。不过这都是后话了，昨天下午的比赛，真是让我大开眼界，认识到人外有人，天外有天，而且我也算是以球会友，交了几个朋友，互相加了微信，也算是一个成就吧。

最后，这周也没有其他值得写下来的事情了。下周六就是专四考试，我也希望自己能稳定发挥，考得一个好成绩。

沈晏齐

2018 年 4 月 15 日

058

晏齐：

你好！

你说手机上背单词效果差一些，我想那是必然的。买一本纸质的四级词汇书，非常有必要。你说通过专四考试问题不大，我也觉得以你的基础，应该不是难事，难的是考出好成绩，还有五天时间，加加油，为荣誉而战。

至于报名参加乒乓球比赛，我觉得你做得很好。本来就是自己要做的事，十元钱是小事，就算收了也无所谓。但是若要问一句为什么要收，就可以知道收了是不应该的。在人情交往上，我相信你的基本素质要远远高于一般人，这一点我是放心的。你说要拿一个跳绳冠军，那也很好，等着你的好消息。大学生活本应丰富多彩，你说通过参赛结识一些朋友，知道天外有天，这就是参赛的附加值，它比参赛本身更有意义。

我对你上周课堂上与老师交流《圣经》中耶稣复活故事还印象很深。你说全班只有你一人知道耶稣复活的故事，所以你才能与老师应答，这说明其他同学都没有读过《圣经》。没读过《圣经》也就罢了，一个学英语专业的人竟然不知道耶稣复活这回事，这是说不过去的，这说明你们班同学阅读面还是窄了一点。在现在的硕士生博士生中，大多数人都是只读指定的几本专业书，只了解本专业的知识，比如一个学中文的，连最基本的史学、哲学名著都没听说过，这种狭隘的功利的读书是最要不得的，真正的读书是一个"由博返约"的过程。你们现在正是博览群书的时候，只有博览到一定程度，才可以有所专攻归于简约。此即《论语·雍也》"子曰：君子博学于文，约之于礼"和《孟子·离娄下》"孟子曰：博学而详说之，将以反说约也"之意（"由博返约"这个成语也是从这里来的）。我希望你一定要多多拓宽阅读面。既要读好课内的书，更要多读课外的书。打下人文学科的全面素养，你将来才可以从一大群狭隘的功利的读书群体中脱颖而出。试想在一场研究生面试中，如果老师问所有考生关于耶稣复活的故事，别人都不知道，只有你能详细应对，你不就脱颖而出了吗？应对完专四考试，我觉得你的课外阅读还是要继续下去。课堂学习是阶段性的，课外学习是持久性的。眼前目标和长远规划要结合起来。

祝一切如意！

父亲

2018 年 4 月 15 日于庐州太阳海岸

059

爸：

　　专四考试结束后，我们大家都感觉一下子放松了，觉得有点无所事事起来。实际上，今天上课的时候，老师们也在感慨我们很久都没有拿起课本了，听到老师的话，班里同学也都笑了起来，这种轻松的感觉很久都没有体验过了。

　　西安最近天气一直不是很好，断断续续地下雨，气温也比较低，是那种刚好不冷不热的温度，所以我周日下午才愿意出门去书城买书。那个书店的名字叫汉唐书城，规模很大，总共有四层楼。我抵达书店的时候，一楼正在开一个读者见面会，是一位我不认识的作家，周围里三层外三层挤满了人。书城属于那种老式的装修风格，还是以卖书为主，不像三孝口的科教书店那样多姿多彩。书店三楼是文学和哲学专区，我在这里挑选到两本书，付了钱买下后就离开了。因为四楼还有一个琴行，里面挤满了学琴的小朋友，隔音玻璃也挡不住声音。

　　我发现上大学以来，我的看书风格更加偏向文艺理论、哲学和政治方面了。以前的我，喜欢看小说和诗歌，现在好像都不太提得起兴趣来。可能随着年龄的成长，阅读兴趣也会发生变化，我觉得这是很有趣的事情。另外，你所说的准备雅思考试，我觉得这也是没问题的。我对雅思考试没有什么心理压力，而且我也带了你之前给我的雅思试题集，在考试前花点时间复习一下应该就没问题了。

　　希望五一放假的时候，天气也能像现在这么凉爽，这就是我目前最大的愿望了，希望老天爷能替我实现吧。祝你和妈妈身体健康，工作顺利。

沈晏齐

2018 年 4 月 23 日

060

晏齐：

你好！

课本学习是长远性的，专四考试是阶段性的。为了应考而暂时打破常规的课本学习，是可行的也是必要的，就像我之前说的，为了应考，你把阅读其他课外书暂时中断一样，考过后一切恢复常态，课本学习和课外阅读还是要两结合。关于雅思考试，我想时间是否安排在暑期，这样你不用打破常规学习，而又比较有充裕的时间准备，或者你自己觉得何时合适，就可以提前报名。

我现在都是在网上购书，以前也是很喜欢泡书店的，到实体书店买书，好处是可以多翻阅欲购书的内容，也能感受书的品相。在网上购书，好处是品类更多，价钱便宜。这次世界阅读日（4月23日）当当网做让利活动，满二百减一百，我就订购了400多元的书，实际支付200多元。有时间当然是去实体书店，不过你也不妨试试在网上购书。

关于你阅读趣味的变化，我倒是觉得那是一个可喜的现象。一辈子只喜欢读小说的人其实是比较肤浅的。我自己现在已很少读文学类，而是侧重学术类图书，然而文学自有它的价值。你先看看理论类的书，然后回过头来再看文学类的书，收获会不一样。文学是用形象描画世界，哲学（理论）是用概念解释世界。正如你以前学习数学，你必须先从具体的物（两个糖果，三根火柴棒）转化到抽象的数字（2 或者 3）来学习加减乘除，之后你才能用字母（x 或者 y）代替数字，才能学会用字母演算。字母可以代替数字，但是字母永远不能取消数字。也就是说，我们学会用字母代替数字进行演算以后，我们并不就是从此不要数字了。没有文学，就根本没有文学理论；有了文学理论，也无法取消文学。哲学、政治类理论是用概念解释世界，它们永远不能取消文学用形象描画世界。即使是从事人文社科研究的人，也不能取消文学，也要阅读文学。

而且我要进一步说，文学富于暗示性、隐喻性、形象性，它可供人思考的余地更大。我们读者，要读出文学中所没有直接用文字写出但却蕴含的意义和价值。我们读文学书，不能仅仅满足于读故事，读意象，读语言，而要注意挖掘故事背后的寓意，意象背后的情感，语言背后的思想。这样来读文学，你就会有更大更深的收获。那么如何来读出文学背后的深层内涵呢？读文学理论，读哲学社会科学，会训练你的思维能力，就能提升你从现象看本质的能力，也就是读出文学文本之外的意义世界的能力。当你初步具有这样的思维能力，你再回过头来看以前读过的文学作品，你的收获就与初读时迥然不同了。这也就是为什么说"常读常新"的缘故。

"常读常新"必须换一副眼光。正如我 4 月 3 日所写，一个人看大雁塔，从自然风光看是一副眼光，从人文历史看就是另一副眼光。

同样是大雁塔，只能从自然风光的角度欣赏的人，和既能从自然风光又能从历史人文的角度欣赏的人，所得到的收获怎么可能一样呢。只能从故事情节和形象语言欣赏文学的人，和从故事情节及语言形象出发，进而读出故事及语言之外的思想情感的人，收获绝对是有天壤之别的。所以我现在也看一些文学书，虽然比重不大，但是就看你用什么眼光来看。如果只用原来的眼光，那是不可能"常读常新"的。

这就回到我之前电话中曾说的，我们要有一个超越眼前自我的目光。这个"超越眼前自我的眼光"分两种。一种是站在一个水平更高的人的角度。读书，看问题，应对事情，我们在做出一个判断后，不妨想想一个水平更高的人会做出怎样的判断，想想自己的差距在哪里。一头猪怎么看世界，一个人怎么看这头猪和世界，一个"超人"怎么看人和世界。一种是从事后的眼光来观察和分析，比如我曾说的，我在你高考后发现我们在应对高考时的做法，哪些更有价值，哪些并无价值。如果你重来一遍高考，我会怎么应对。也就是说，在事情进行当中，我们要以事后的眼光来观察和分析。你现在正在大学学习，那么不妨以大学毕业之后的眼光来分析和检视大学四年的生活和学习。常常从这两种"超越眼前自我的眼光"来提升自我观察分析解决问题的能力，必然会使你终身受益。

这也就是我们常说的，不仅要活出自我，还要活出超我；不仅要活在当下，还要活在将来。

父亲

2018 年 4 月 24 日于庐州太阳海岸

061

爸：

　　上周和这周是我们的期中考试周，我们总共考了英语新闻学、英语语言学和口语，这周三还有精读考试，下周法语也要进行期中考试，泛读课还要准备做一个 presentation，总的来说需要处理的事情不少。同时，上周我还写了三篇 journal 和两篇英语作文，甚至还在写作课上和同学一起编了一个话剧。所以上周算是我开学以来最忙的一周，事情都挤到了一起来，不过幸好大部分都处理完了，我只要专心准备在周三即将到来的精读考试上就 OK。

　　昨天是母亲节，我看到很多同学都在朋友圈里表达了自己对母亲的爱。之前的我，一向对这种行为嗤之以鼻，觉得他们平时不关心父母，到了节日就大肆宣扬自己对父母的爱如何如何，纯粹是为了给自己增加人气，不落潮流罢了。现在仔细看看，我觉得朋友圈里一条条祝福的话语，无不流露出真诚与爱。本来平时我们就忙，如果在母亲节还不能表达一下对父母的情感，那么别的机会就更别谈了。再者说，就算是有的人只是跟风发发帖，如果能被父母看到，不也能让他感到高兴吗？事实上，发朋友圈并且晒出照片的，大部分都是女生，很少见到男生在空间里长篇大论。我想这也是男生和女生的区别吧。

　　西安最近天气开始变热起来，和前几天二十度左右的气温形成了鲜明的对比。我这几天如果没有事，一般都待在宿舍里面不出门了。昨天找时间收拾了一下桌子，能在桌子上写作业了。事实上，周日一整天基本只有我一个人在宿舍，六人间现在变成单间，也还是挺舒服的。

　　祝你和妈妈身体健康，工作顺利。

沈晏齐

2018 年 5 月 14 日

062

爸：

上周我们结束了精读期中考试，这周随之而来的是法语期中测试和泛读期中测试。今天下午我参加了法语考试，考试内容也很简单，背诵所学过的课文和动词变位。老师在讲台上等候，准备好的同学就可以上去考试。我在考试的时候有点紧张，背诵的时候稍微有点结巴，不过也算是完成了考试。明天，我们要进行泛读考试，考试内容是分组辩论，老师会根据每个人在辩论中的发言进行打分。去年我们就是这样考试的，所以我不会像考法语一样紧张了。

这周连带着上个周末，我读完了一本梁启超的《此花不在尔心外》，这是一本作品合集，上半部分讲他对于佛教的理解和对佛家经典古籍的整理、研究与发现，下半部分则是他在不同地点所做的种种演讲辑录。梁启超先生很谦虚，在书中总是说自己"略有了解"，希望自己的愚见能对他人有所帮助，事实上他几乎是个无所不知的全才，在各个方面都有很大的建树。而从这本书的后半部分来看，梁启超先生多次强调了自己生活的宗旨是"乐趣"，凡做一件事情，一定是兴趣使然，若是做着没有趣味的事情，倒不如趁早投河罢了。

　　这种"趣味论"是我在其他任何一位伟大人物身上都很难发现的，这恐怕也是梁启超伟大人格魅力的体现。

　　最近西安天气变化多端，忽冷忽热，昨天下了不小的雨，今天又变成热天了。我听说之前合肥下了很大的雨，一楼的住户都被淹了。我还和合肥的同学抱怨，自己怎么没能赶上这种有趣的极端天气。不过在西安这边也挺好，雾霾不再那么严重，天空也比以前蓝很多。希望你和妈妈都能注意身体，劳逸结合。

沈晏齐

2018 年 5 月 22 日

063

晏齐：

你好！

最近比较忙，没有及时回复你。今天看到你的电邮，我简单写几句。

梁任公这个书名《此花不在尔心外》，来自王阳明的那句话，我先前曾提及。其实任公说他对许多方面的事情"略有了解"，倒并非完全是自谦之词。因为按照学术要求来说，对某一问题必有深入研究才可著书立说，他自己因为兴趣广泛，故未能对特定问题求深求精，所以说"略有了解"也是实情。另一方面，所谓的"深"和"浅"乃是相对的，任公自己认为的"浅"，对一般人来说就是"深"，一般人会认为他所说的"略有了解"是自谦。所以你会觉得他是无所不知的天才，是百科全书家。

你提出的第二点，即任公所强调的"乐趣"，这正是任何从事学问者所必经的起始之路，或者说是从事任何事业的起始之路。常言道，兴趣是最好的老师，其实我认为这句话本身是讲不通的。兴趣不可能在任何一点上指导你、点拨你，所以"兴趣"不可能具有老师之释疑解惑的作用。但是一个人一旦对某事某物有兴趣，则必然会千方百计挖空心思加深对该事物的了解，并最终成为该方面的专家或权威。从这个结果的意义上说，兴趣又确实能起到甚至老师都无法起到的激励作用。所以我觉得不妨说："兴趣是最好的引路人。"任公先生的"趣味论"对我们的启发，就是早日找到自己的兴趣点，早日激发自己的潜能。

　　在今天，许多天分高的学生最终没有成才，没有激发他自己的潜能，就是因为他不是自己有兴趣学，而是被逼着学。你现在当然要多阅读，通过多阅读，有意识地发掘自己的兴趣点。一个人经过大学四年的学习，如果最终能发现自己真正的兴趣所在，那就是本科阶段的学习取得了成功。我对于你的考试成绩不是特别看重，其理由就在于：如果没有找到自己学习的兴趣点，即使一个人在本科阶段各门功课考试成绩很突出，他毕业之后也会很迷惘。当然他可能很轻松地考取硕士，但是他绝不可能取得更大的成就。因为只有一个人有兴趣从事一项事业或者钻研一门学问，他才能激发他自己的潜能，达到他所能达到的高度。除此之外，他不可能有恒心有毅力战胜他所遇到的困难，因为一旦他遇到挫折，他就会因为没有兴趣的支撑而打退堂鼓。望你三思！

父亲

2018 年 5 月 23 日于庐州天鹅湖畔

064

爸：

昨晚我和妈妈打电话时谈到了一些我对学校的看法，大致就是提到学校地处偏远，学生平时几乎没有什么娱乐活动，交通也很有限。另外学校周边闲杂人等过多，且他们可以随意进出学校，对我们校内安全造成了一定的潜在危害。电话里面我没有提到的一点是，我觉得这所学校里学生精气神不足，比较缺乏大学生朝气蓬勃的状态，这其实和我们阴盛阳衰的男女比例脱不了干系。我的室友陈泽华，也多次和我们说到，他去陕师大或者西北大之类的学校一看，里面的学生精神面貌非常高昂，脸上也常常挂着笑容。相比之下，我们的学校则相形见绌。我也多次在这两所学校游玩参观，我觉得他的话不无道理，总之这也是我觉得比较遗憾的一个方面吧。

不过，我在和妈妈电话聊天的时候，也想了很多。这些的确不应该成为阻挡我继续学习的障碍，顶多算是美中不足。刚开学时，我的情绪还不像现在这么好，总觉得自己吃了亏。可实际想想，这也是由于我的能力不足所导致的，我要是想离开这里，就必须发愤努力，改变自己的命运。另外，昨天我也和妈妈谈到了我想要在考研时换一个专业，不再继续学习英语了。事实上我对换专业考研还没有做仔细的了解，我连想换的专业也还没有确定，但是我现在对学习英语已经感到有一些枯燥了。妈妈说我还没有真正学透英语，不能体会其中的美，最后她提到，不管我将来是否要换专业考研，我都应该先把眼前的英语学好，再去谈别的事情。我昨晚仔细想了想妈妈的话，觉得挺有道理。至于专业，我也想了很久，可能比较文学比较适合我。这门专业你可以给我指导，同时也和英语有所挂钩，我也很喜欢这门专业，目前我暂时搁置这个想法，等暑假回家我可以和你仔细探讨一下这个问题。

期中考试结果最近也出来了一些，我的精读得了 76 分，在班里也只算中等，其他科目没有什么具体的分数，但也只能算是中不溜。妈妈昨晚的电话里，也提到了这个问题。我在开学进入大学时，成绩和他人比起来是非常优秀的，结果随着时间的流逝，我的成绩逐渐"泯然众人"，原有的优势也不能保存，尤其是上周的法语口试，当老师说准备好的同学可以上台考试时，我看到一位我曾经的大一同学第一个冲上台开始考试，她的表情很自信，也很快通过了测试。我当时几乎是最后几位上台的同学之一，因为我几乎没有怎么好好准备。说实话，当时看到她上台时，我心里很不是滋味。大一时这名同学成绩很糟糕，经常花费很多工夫学习，成绩也不尽如人意。那时的我，对学校不抱什么好感，学习也不如别人用心，仅仅靠着高中的老本，也能轻松取得好成绩，被班里其他同学所羡慕。那时的我，还很看不起像她那样的同学，没想到事过境迁，现在轮到我在台下看着她优秀的模样，只觉得很难过，对自己很失望。妈妈的一通电话，提醒了我很多事情，我昨天从樱花广场回学校的路上也想了很久，还是觉得要把握好现在，端正态度吧。

沈晏齐

2018 年 5 月 27 日

065

晏齐：

你好！

看到你学会反省自我，我很高兴。一个人能认识到自己的不足，就是迈向提高的第一步。任何人在大多数时候，都习惯于把自己的无所作为归因于外在环境。只有少数的特异之士，他们苛待自己，对生命有着更高的期待，他们最终战胜自我，超越环境，有所作为，发展自己的生命。

傅雷译《约翰·克里斯多夫》，认为该书"描写一个强毅的性格怎样克服内心的敌人""它所描绘歌咏的不是人类在物质方面而是在精神方面所经历的艰险，不是征服外界而是征服内界的战迹"。傅雷指出，"在你要战胜外来的敌人之前，先得战胜你内在的敌人"。（傅译《约翰·克里斯多夫》前言和献辞）

你们学校固然有一些不足，你不妨细想一下，到底这些不足是怎样阻碍了你的进步，你又采取了哪些措施来战胜这些不足。这样一想，你就会知道，究竟是外在的不足阻挡了你前进，还是你内心的不足停滞了你的脚步，成为你前进的绊脚石。外在的困难是一回事，对这些困难的畏惧和无意中把这些困难当作自己裹足不前的理由是另一回事。好在你已经对此有清醒的认知，且已经对自己加以反省，我觉得这就是最好的进步。这就是"先战胜内在的敌人"。

尼采在《瓦格纳事件》前言中说："一个哲学家对自己的起码要求和最高要求是什么？在自己身上克服他的时代，成为'无时代的人'。"（尼采《悲剧的诞生》，周国平译，第281页，三联书店1986年版）我想，"在自己身上克服他的时代"，这是往大里说，往小里说，首先就是在自己身上克服他的环境。一个人只有不带有他自己所处环境的枷锁，超越于他所处时代的弊病，他才能高飞远鶱，翱翔在自己的天空，自由的天空。在自己身上克服他的时代，这不仅是哲学家的最低要求和最高要求，也是一个真正的人的最终要求。

如果我围于我的小学教师身份，局限于小学教师的环境，那我今天不还是一个困居于农村的小学教师？我这么说不是轻视小学教师的工作本身，我是指那个狭隘的生活环境和根本谈不上学术的工作氛围会限制我的生命的发展。我认为人到世上来，最重要的即是发展自己的生命。因为生命是上天给予的，我们唯有发展生命，才不是浪费生命，才不是暴殄天物。在某种意义上，我至少可以说，我克服了我的小学教师环境。我这次到海盐，虽然说也游山玩水，也给他们做讲座，其实根本原因，就是要给我的一个作者以激励。这个作者至今仍是小学教师，可是他已经在《上海文学》《江南》《山花》《芙蓉》《天津文学》等大型文学刊物发表多篇中短篇小说，而我都不曾在这些大型文学刊物上发表小说。当然他完全已经克服了他所处的环境，所以我觉得对他这样默默奋斗战胜自我的人，我要当面给他以激励和促进。我虽然微不足道，但是在某种意义上我已成了给别人照明的人。所以发展了自己的生命的人，不仅是对自己的生命负责，还可以对别人的生命予以激励。

至于你说到将来读研换专业，英语语言文学与比较文学，其实差别不大，首先是要学好英语。我也觉得你妈说得对，因为你还没有深入到英语中去，没有体会到其中的乐趣并鉴赏其中的美。前天我听说你还在背英语单词，我觉得这是得不偿失的。记熟几个英语单词是"得"，丧失了对英语的乐趣和没有鉴赏英语的美，这是"失"。我认为从现在起，你应该通过阅读英语著作来记单词。比如从今年六月初起，到明年五月底止，用一年时间，每周一本，认真阅读英文原著五十本。在阅读中记忆不认识的单词，这样你会感到学习英语的乐趣，你才能真正鉴赏英语的美。只有通过阅读英语原著，你才能进入英语语言、文学、文化、人情的世界。原来的背单词 App 可以删除，我建议你下载一个"欧路词典"。在阅读英语著作时，遇到不认识的单词，就查一下，它会自动记录进入生词库，然后散步时有意识记一记。在阅读中记单词，才不会枯燥乏味。我觉得你现在学习英语不能沿用你之前的应试模式（老是死记硬背单词），而要开启自我阅读模式，在阅读中寻乐趣，鉴赏美。这件事你切实想一想，制订一个计划。这件事不能再耽搁了，一定要切切实实做起来。

反省是什么？反省就是反过来省思自己，其实你能反省就是一个对自己的超越。你能换个角度，看出自己的不足，也能看到同学的"逆袭"，欣赏别人的长处，这就是成长，所以我对你能自我反省感到高兴。知耻近乎勇，知不足而后有为，相信你一定会调整自我，勇猛精进。你也不要过于灰心丧气，觉得自己一无所成。我觉得你要辩证看问题。大一大二这两年，你阅读了一些中文著作，它们会化为你生命中的营养，到一定时候会体现出应有的作用。这些是你看不见的成绩，不宜妄自菲薄，也别急躁，切切实实去做。时光不会亏待任何人，也不会特别照顾任何人，它只会给予每个人公正的对待。

父亲

2018 年 5 月 29 日于庐州太阳海岸天鹅湖畔

066

爸：

　　本周三，我们的泛读课王汐老师结婚，和她的爱人一起去领了结婚证，并且把照片发在了朋友圈里。王汐老师上课轻松幽默，人也温柔美丽，是我们大家都喜欢的好老师。因此，班长和学习委员组织策划大家在周四下午王汐老师的课上送给她一份属于我们的祝福。大家讨论后，决定全班齐唱一首《情非得已》和《至少还有你》，并且依次送上我们手写的小卡片祝福。周四下午一点半，大家就赶到了教室进行"排练"，班长还请了两位学妹来帮忙，一位用吉他给我们伴奏，另一位则带领我们合唱。最终，一点五十五分，王汐老师走进教室的一瞬间，迎接她的是全班优美的情歌合唱，黑板上是早已写好的"祝汐汐姐姐新婚快乐、万事胜意"。王汐老师顷刻就红了眼眶，含着泪微笑着向我们表达感谢。

　　关于每周的英文小说阅读，这周我还是想打算从《老人与海》开始，虽然寒假在家我已经读过一遍，但我觉得还是有必要再多读几次，同时写一篇英文的读后感。我们最近接到通知，说图书馆的借阅功能开放了，我打算周一下午去图书馆看看有没有合适的英文小说，到时候再给你更详细的答复。或者我也可以向同学借几本英文小说，我觉得问题都不大。

最后，我现在的精神状态要好多了，听了你和妈妈的话后，我觉得不再那么迷惘了。仔细想想，自从专四考试结束后，我整个人就陷入一种漫无目的的状态，很长时间也没有调整过来。期中考试之后，我也一直在反省自己，不过还好现在我已经逐渐调整，希望我能把每周读书笔记写好，长期做下去，做一个让自己骄傲的人。

沈晏齐

2018 年 6 月 3 日

067

晏齐:

你好!

看了你描述的祝贺王汐老师结婚的情景,我深切感受到时代的变化。以前老师结婚,大都不跟学生说,学生也不会这么正式地组织活动祝贺,不过我觉得这是一个好的变化,更加人性化的变化。

The Old Man and the Sea 是我读过的少数几本英语原著之一,中译本我也读过好几种,但是我觉得读原著感觉还不一样,就是读中译本忽略的地方,在读原著时会注意到。我读 *The Old Man and the Sea*,就特别注意到写老人与人掰手腕的一段。我读 *Gitanjalii*,就注意到中译本《吉檀迦利》中所没有翻译出的那种急迫和期待的语感。《安娜·卡列尼娜》的原著是俄文,我读了部分英译本,特别注意到奥勃朗斯基害怕人生孤独的片段,他不敢看到人生的真相,情愿活在虚假的友情中。这个就是我读中译本所未注意到的。我举这些例子,是说明读原著的重要。因为翻译毕竟经过译者的取舍,他的轻重处置肯定会跟原作者有差异,还有语气上的差别,也许本身就是翻译无法传达的。我至今记得读过的一篇英文短小说 *The*

Present，讲述一位孤独的老太太期望收到儿女的礼物，儿女没有买礼物，只是用信封寄了一张支票。故事结尾说：The cheque fluttered to the floor like a bird with a broken wing. Slowly the old lady stooped to pick it up. Her present, her lovely present. With trembling fingers she tore it into little bits. 我觉得这个描写太精彩了。如果不读原文，是无法欣赏到其中的精彩的。

你昨天打电话说，人为什么要读书，我说读书是发展另一重生命。人不能不受制于眼前的现实，但是读书可以帮助读书的人超越眼前的现实，可以在冰天雪地之际，享受春暖花开的愉悦。我由此想到，读英文原著，与读中译本，其实也有这个对应的关系。中译本毕竟是有限制的，更有许多英文原著是没有中译本的，你将来肯定是要阅读那些没有译成中文的英语著作的，它们同样会为你打开另一重世界。你说你感到孤独，在交流阅读体会时的孤独。我也说了，孤独正是一个体现你身份的证明。《安娜·卡列尼娜》中的奥勃朗斯基害怕孤独，害怕看到人生的真相，这正说明他不配做一个高明的人。欲从芸芸众生中超拔出来，孤独是最有效的良药。你超拔了，才会在更高的层次上遇见更优秀的人。

希望你坚持阅读英文原著，坚持用英语写读书笔记，你说得很好，长久做下去，就能成为一个"让自己骄傲的人"。

父亲
2018 年 6 月 3 日于庐州太阳海岸

068

爸：

　　本周四的泛读课上，我和另一位同学合作完成了一次
presentation，内容是关于一位叫王菊的年轻女性，她几乎是当下最
流行的话题之一了。王菊参加了腾讯播出的一个真人选秀节目，参
与节目的其他女性，无不长着一张网红脸，说话温柔甜美，都是举
止端庄大方的"女神"级人物，唯有王菊，肤色黝黑，长相欠佳，
却有着无人能比的自信和不输他人的骄傲。她在节目中勇敢地表达
了自己对"美"的定义与看法，并表示自己要重新定义"美"的概
念，很多网友都纷纷表达了自己对王菊的支持，我也就蹭个热度，
和 partner 一起做了一个关于她的 presentation，这个话题引起了班级
里大部分女生的关注，我们的展示取得了成功。

　　事实上，我在周五的语言学课间，也和几位女生就王菊的话题
聊到了个人对外貌和美的看法。有一位女生抱怨说自己的一个朋友
说她最近发胖，提醒她注意身材，话语间透露出一种对胖子的鄙夷
之情，这让我同学非常不开心。关于这个问题，我觉得爱美之心人

皆有之，男生自然会对漂亮的女孩多看几眼，女生也自然会把目光更多地倾注在帅哥身上。但是，这不能成为我们与人交往的准则，更不能是一件能拿在外面宣扬的事情。我们可以在自己心里有对美和丑的判断，但是不能轻易地说出来。女生们也表示，随意地取笑他人的外貌，是十分不礼貌的行为。但是，她们也会私下讨论各人的外貌，这也是人之常情。我再联想到王菊的经历，就不由得深切佩服王菊敢于大胆表现自己的勇气与精神。

　　还有就是几天前的一个晚上，徐巨成在微信上告诉我，他打算重拾他上港大的梦想，并且从现在就开始行动起来。他已经咨询了在港大就读的梁惠，并且打算暑假来我家，向你请教到香港学习的事宜。我真诚地鼓励他，并且也表达自己想要考研的愿望。我现在觉得，有志同道合的朋友，是一件非常难能可贵的事情。我和徐巨成自从上了高中之后，就在学习的话题上渐行渐远了。平时聚会聊天，也就是谈一谈游戏、动漫和以往的趣事，却不能像初中那样，在放学的路上激烈地讨论刚刚考完的试题，互相较劲自己在班级的名次。现在，我和他又在学习上有了共同的话题和相似的目标，我觉得很开心，仿佛看见了初中那个好学上进的徐巨成又回来了，这是我所喜爱的那个兄弟徐巨成，我也衷心祝他和我都能实现理想。

　　最后，还想说一件关于如何看出一个人情商高低的小事。我的一个女生朋友，告诉我她要在下周六和她男朋友去合肥玩。她自己是西安本地人，从来没有去过合肥，她男朋友则是合肥一中的毕业生，这次带她回合肥老家玩一玩。事实上，这个女生知道我很想回合肥，她也只是单纯想告诉我这样一个消息，但是我毫不留情地把她痛骂了一顿。她明明知道我家在合肥，快半年没有回过家，现在又在我面前炫耀她能去合肥的事情。平时我不会轻易和家人发牢骚的，这次实在是很恼火，就在信里发一发了。

沈晏齐

2018 年 6 月 10 日

069

晏齐：

你好！

这两天较忙，我简单回应你的话题。

（一）徐巨成有梦想，我觉得很好。我们都应该支持他。梦想不妨越大越好。一事能狂便少年。有许多少年人老气横秋，胸无大志，他们其实只是在年龄上是少年，而心态上不是少年。这是最要不得的。对你来说，有志同道合的朋友固然是好事；但是我一再说过，处于你这个年龄段，必须学会自己做自己的伙伴、同路人，如同刘瑜所说"一个人就像一支队伍"。当然这对你来说有难度，然而这是必须度过的人生关卡。我身边没有一个朋友和知音，那么我就要从古代人或者外国人身上汲取营养。中国人以前常说"尚友古人"，因为他们没法子读外国书，所以只能说尚友古人，跟古人做朋友。我们今天不但要尚友古人，还要尚友洋人。你曾问过我读书做什么，我觉得读书的一个好处就是我可以跟作者交朋友，让作者陪着我走完我的人生孤单的旅程。我在出版社工作，也有几个好朋友，可是我准备考博士，并没有跟他们说，因为他们在这方面没有这个想法，我必须自己一个人去走这条路。我想告诉你的是，必须有勇气走一条自己的路。有同伴是好事，没有同伴，就让自己成为自己的同伴。这就是张孝祥"孤光自照"的意思。（张孝祥《念奴娇·过洞庭》：洞庭青草，近中秋、更无一点风色。玉界琼田三万顷，着我扁舟一叶。素月分辉，银河共影，表里俱澄澈。悠然心会，妙处难与君说。应念岭海经年，孤光自照，肝胆皆冰雪。短发萧骚襟袖冷，稳泛沧浪空阔。尽吸西江，细斟北斗，万象为宾客。扣舷独啸，不知今夕何夕。）

（二）我觉得你对待自己的那个准备到合肥的同学未免粗暴了一点。连你也承认她其实并无其他想法，就是单纯地告诉你这件事，因为你是合肥人，她要到合肥，所以闲谈一句。而你却毫不留情地责骂她。固然你的理由是半年没回家，她这么说可能引起你想家的痛苦。如果你说她情商低，那么就你这个做法来说，是否也显得情商低呢？我们应尽量"略迹论心"，忽略表面事实而评论其用心。既然你认为她本无坏心，而且这句话只不过勾起你的思家之念，你责备人就显得过分了。你细细想一下，是不是这个理。当然这也不是大不了的事。我们常说以"恕道"待人，不过是跟我们的修养有关罢了，而修养，是一辈子的事。

（三）你说读《老人与海》，印象最深的是老人和孩子的关系，这个角度切入得很好。其实这就是你的发现，我读的时候就没有注意到这一点。我们读书就是要见人之所未见。老人教孩子一些捕鱼的技巧，也指点孩子一些成人的诀窍，而孩子也尊敬老人并多方帮助他。你说老人和孩子的关系像父与子，我倒觉得，我们父子的关系也不妨像那个老人与孩子。我们也应该 encourage and promote each other。另外，正如你所说，我们要特别学习老人那种坚韧不拔的意志。我上面说，从洋人那里学习，尚友洋人，此之谓也。其实我还想到明末清初的顾炎武，他曾写过"苍龙日暮还行雨，老树春深更着花"的诗句，这不正跟海明威笔下的老人梦见狮子一样的感觉吗？苍龙明知日暮还行雨，老树明知春深还开花，他明知反清复明毫无希望，仍去做一件注定要失败的事。从古人身上，从洋人那里，我们通过读书，不都有所收获么。

祝端午节开心快乐！

父亲

2018 年 6 月 12 日于庐州天鹅湖畔

070

爸：

　　刚刚过去的端午节，我们这边接连下了三场雨，我们宿舍只有在第三天的晚上，才出去吃了一顿烧烤，其他时间基本都待在宿舍。我利用这段时间，仔细地考虑了我以后的发展和学习道路。

　　总的来说，目前我需要先处理好手头的学习任务，努力学好英语，为以后做准备。还有就是我打算把比较文学作为考研的目标，希望能考到上外、华师或是复旦这三所学校中的任意一所。自从下了这个决心，定下这个目标后，我觉得生活明朗了许多，平日的学习也变得有意义起来。学习还是应该有一个目标。高中的时候，我以考上大学为目标；等到上了大学之后，我却失去了目标，变得有些茫然了。现在，我终于能为了一个看得见的目标而努力，这是一种久违的感觉。

　　期末考试将近，我从下周开始可能就没有时间给你回信了。在专业课考试之前，我们还会先迎来选修课的考试，这些考试也同样不可小觑。选修课考试大概会比期末考试提前一周，也就是从下下周开始，我就要进入考试周了。这段时间，我除了每天晚上跑步以外，回宿舍也抽一门课进行复习。跑步能磨砺人的意志，我觉得是个好习惯，操场上跑步的人也很多，大家一起在灯光下跑步，还是很有趣味的。在跑步的过程中，不断有人从我身边超过，我也不断超过别人，这感觉就像是人生的旅途，每个人都在奔跑，有的慢有的快，但我相信只要我坚持跑下去，我就能取得成功。

昨天我和高中同学吴家康联系了，他和我，还有去年寒假一起来我家吃晚饭的三个男生算是关系很好的朋友，我们组了一个微信群。他今年暑假不能回家，他所在的汕头大学为他安排了一个在北京日报实习的机会，为期三个月，学校方面补助了五百元，剩下的都靠他自己了。我替他不能回合肥表示惋惜，但是他觉得这也是一个不错的实习机会，能够锻炼一下社会经验，为以后进入社会工作打下基础，我觉得也挺好。再想到之前端午节，我仅仅因为一位女同学告诉我她要去合肥游玩的事而向她发火，就觉得自己的行为非常幼稚而不人性化了。

最后，希望你和妈妈身体健康，工作顺利。

沈晏齐

2018 年 6 月 20 日

071

晏齐：

你好！

定下一个目标很好。《礼记·中庸》说："凡事豫则立，不豫则废。言前定则不跲，事前定则不困，行前定则不疚，道前定则不穷。""豫"同"预"，就是打算，计划，预先准备。跲，jiá，绊倒，受阻碍之意。这段话先下一个断语，凡事有准备则成功，不准备则失败。然后举了四个例子来说明之。那我们也可以套用一下，考研预先准备，则不会慌乱。大学四年已过去两年，到考研时（2019 年12 月）只剩下一年半时间。你提早一年准备，必能心愿达成。

你之前电话里谈到选定专业的心结。你担心别人说你选比较文学专业，是沾了我的光，所以虽喜欢这个专业，却拒绝着不肯选。我想这就是你年轻气盛了。不过你能自己解开心结，又说明你成熟长大了。胡晓明老师曾写过一篇"学二代"，列举"子（女）承父业"的学界情形，特别提到华东师大的历史系教授王养冲之子王令愉，现任华东师大历史系教授；华东师大的古代文学教授方智范之子方笑一，现任华东师大古籍所教授（"诗词大会"就是他策划的）；华东师大古代文学教授赵山林之女赵婷婷，是斯坦福大学亚洲戏剧学博士。

既然定下目标，准备攻读比较文学专业，首先仍要学好外语。这个"好"，不是一般的好，而是要"精通"。既然是比较，至少是两者及以上才可以比较。或者是中国文学与英语文学比较，或者是英语文学与法语文学比较，或者是中国文学与法语文学比较，或者是中国文学与英语、法语文学比较。必须至少"精通"两门及以上语言。所以你现在首要任务，仍是学习英语、法语。我之所以没有继续攻读比较文学博士学位，就因为我的外语不好。我通过学习可以"看"英语，但我不能"听""说""写"英语，这就必然限制我进一步做研究。所以我转而攻读中国古代文学博士学位，因为"文言"毕竟不是"外语"，不足以阻挡我，而我又很喜欢中国古代文学。

你既然选定了上海的三所高校，有空闲时去上述学校研究生院招生网站看看，看各自的要求是什么。比如华东师大的比较文学硕士专业要求考哪些科目，上外的比较文学硕士专业要求考哪些科目，复旦的比较文学硕士专业要求考哪些科目。就我所知，华东师大的比较文学硕士专业是归属于中文系的，硕士招考科目就是政治、英语、作文和文学基础（包括中国文学史、外国文学史、文学理论等）。这个需要预先查看。我当然可以看，不过我觉得你自己去查找更有乐趣。

练习跑步很有意思，重在坚持。我原来有一个比喻，也曾跟你说过。我记得还是在你读高中的时候。我说你在求学之路上，也好比是在跑步。有些人一开始跑得比你快，就好比他们上了好的本科。但是他们中的一些人读完本科就不会再读了，就好比他们不再跑了，而你继续读，你继续跑下去，于是你在硕士阶段超过了他们。在硕士阶段会有一些人跑得比你快，但是读完硕士，他们又不读了，而你继续读，继续跑，你读完硕士再读博士，你在博士阶段又超过了他们。求学就是一次长跑，你一直坚持跑，你就会甩下很多人，最终跑得更远。所以我说重在坚持，持久不懈的努力必将回报你一个大大的惊喜。

每个人都在"跑"自己的路，每个人都会收获自己的花。泰戈尔在《飞鸟集》中说：尽管走下去，不必流连着采集花儿，因为一路上，花会持续开放（Even if you go down, don't linger and gather flowers, because the flowers will continue to bloom along the way）。走上新的征程，朋友会不断增加。结识新朋友，也不可能遗忘老朋友。

你能看出《简·爱》中，简·爱小时候所受的遭遇影响她成年后的行为，这就是你的视角。我是很早读的，当时并未注意到这一点。我倒是注意到，作者让简·爱最终获得一笔遗产，而罗切斯特又变成残疾，这样他们两人就"平等"了。我觉得作者有些矫枉过正，当然当时社会毕竟是重男轻女的，重男轻女的时代普遍心理在作家心中牢牢地打下烙印，一个人是挣不脱时代的枷锁的。正因为如此，我们才更要有意识地对抗时代的负面影响，不做时代的俘虏。如果夏洛蒂安然接受时代的偏见，她就不可能成为一个杰出的作家了。我们读书，就是要读出作者的苦心，做作者的知音。

坚持跑步。坚持"跑步"！

父亲

2018 年 6 月 22 日于庐州天鹅湖畔

072

爸:

　　大三学期的课程很少，我也有了更多的空余时间去看看书。学校图书馆仍然在装修，看起来似乎遥遥无期了。令人欣慰的是学校澡堂翻修一新，解决了我们男同学的一块心病。我们这里从周五开始下雨，要一直下到下周四，气温也降到二十度以下，让我觉得秋天来得似乎过早了。

　　本学期新增的翻译课十分有趣，给我们上课的老师是去年的听力老师，她解释说她大学时学的就是翻译学，学校安排她去教听力，今年终于能够回归老本行。当然，去年她的听力也教得很好，让我体会到一名优秀教师的基本素养。我在第一节翻译课上学到的第一件新东西，就是在英翻汉时可以多用四字成语。很多时候，英翻汉的文字十分冗长，而一个巧妙的四字成语，不仅可以把问题解释清楚，也使得语言更有文采，读起来朗朗上口。等到这次的翻译作业发下来，我就拍照上传到群里，有空你和妈都可以看一看。

　　最近，我把《外国文学史》看到了浪漫主义与现实主义文学的部分。在看这部分时，我一直存有一个疑问，那就是所谓浪漫或是现实主义，都是我们后人在研究和归纳总结后所起的名称。那么，这些处于浪漫或现实主义泛滥时期的作家们在创作时，是否抱有某种自觉在按照时代潮流而进行创作呢？他们自己会觉得自己的作品浪漫或是现实吗？抑或某位作家根本不觉得自己的作品具有浪漫的色彩，却被我们后世的文学评论家贴上浪漫主义的标签呢？这些问题都让人浮想联翩。另外，我也注意到很多浪漫主义作家，同时也是现实主义文学的开拓者。例如俄国的普希金、德国的海涅等等，他们的作品固然奇幻瑰美，但又带着某种深深的对现实的哀叹和不满。我在这里看到了文学，或者说人的复杂性。我觉得，人正是因为这种复杂性而伟大。一位浪漫主义作家，他的作品里已经包含了某种现实主义文学的影子，这就是说，优秀的人能够引领一个时代，我觉得这是很了不起的事情。

最后，我想说一下安徒生和他的童话。令我吃惊的是，《安徒生童话》这本书把安徒生作为北欧现实主义作家代表来介绍。但我仔细想象后，又觉得十分合情合理。安徒生童话里出现的那些人鱼公主、小矮人、丑小鸭等等，虽然都是现实中不存在的事物，可我们在读这些故事时，却会与他们一起分享喜怒哀乐，替他们的命运感到不公。读了文学史上对安徒生的评价后，我又一次领略到这位世界级艺术大师的魅力。

希望你能在大学里享受生活，努力学习，共勉！

沈晏齐

2018 年 9 月 16 日

073

晏齐：

你好！

我已在华师安顿下来，逐渐适应这里的情况。唯一不足是两人一间宿舍，且室友睡觉打呼噜，不过这也是无可奈何之事，当然我后期还会找宿管科申请调换宿舍。坐在狭小的宿舍里的一刹那，我很不适应，然而我马上问自己所为何来，我自己回答我是来读书的，于是心就沉静下来。我的室友已是博士二年级，今年才 24 岁。他 16 岁考取大学，20 岁本科毕业即读硕士，23 岁硕士毕业即读博士。可见他读书非常厉害。虽然我明知华师有各种各样的高人，但是这次来亲身感受，还是不一样。今年华师招收本科生不足 4000 人，招收硕士生、博士生则超过 6000 人，我们研究生公寓单住的都是硕士生、博士生。

你说到英译汉学习用中文成语的想法，其实这是一个可以展开讨论的问题。北大的许渊冲教授翻译时就喜欢用中文成语。因为中文成语有一定的语言环境，也就是说，它是有典故、有来历的。要想那么一一对应于英文，其实是很困难的。不过，你试着用成语来翻译，这也是一个好事。一则练习自己的中文成语，一则直路是通过走弯路走出来的。我这学期有必修课英语，我也选了英语翻译，到时还可以互相交流一下。

你所说浪漫主义和现实主义，其实这些标签大多是后来文学研究者为了研究的方便而划分的，当时在那些作家自己看来，他们大多数主观上并没有意识到自己是在用哪一种创作手法。比如我们常说李白是浪漫主义，杜甫是现实主义，其实这两个名词当时都没有出现，他们自己又何尝知道用何种方法创作。只是到现当代，作家才对自己的创作方法有了有意识的追求。有些创作方法，就是作家自己标榜的。比如法国的阿波利奈尔提倡超现实主义，有些画家提倡达达主义之类，其实他们自己的文学主张和他的文学实践也不可能完全吻合。另外每种创作方法并无高下之分。文学是以情动人，并不是你用了何种方法就提升了你的作品的价值。我们常说雨果是浪漫主义，但是他的《悲惨世界》不就写出了残酷的现实吗？海涅的《德国，一个冬天的童话》也是有现实主义成分的。

这样说，岂不是说这种创作方法的划分毫无价值吗？也不能这么说，因为一个作家，即使他自己不清楚他创作的主要倾向，但是我们说李白属于浪漫主义，杜甫属于现实主义，这样概括还是基本符合事实的。因为世界如此广博，我们只有通过归纳和概括才能更简洁地把握世界，这也就是"以简驭繁"的意思。但是以简驭繁必然要简化甚至忽略事物的一些方面。这就要求我们具体问题具体对待，也就是哲学中说的矛盾的一般性和特殊性的问题。就如同我们划分名词动词，一般情形下，名词就是名词，动词就是动词。但是有时候名词又可以用作动词，动词又具有名词的属性。我们当然不能就此说，划分动词名词毫无意义。更不能因为名词有时可以作动词，就否定该词的名词属性。我非常认同你所说，人因其复杂而伟大，文学因为展示人的多样性和丰富性而伟大。

你对于安徒生的新认知也可算是一种新收获，你这个新认知就是在别人的启发下产生。安徒生不过是以童话的形式反映现实，他并没有脱离现实，他使用变形的方式更深刻地揭示出现实。我们对安徒生的认知，不能仅仅停留在安徒生所写的几篇童话上。对一个作家的全面认知，必须通读他的所有作品。家里有《安徒生文集》四卷本，童话仅占其中一卷。读书的一大收获就是引发读书的人的思考。你能有所读有所思，这就是收获。读书必具有接纳性、启发性、质疑性和反思性。只有接纳，仅仅是被动接受；有所启发，有所联想和引申，这就是更进一层；在接纳、受启发之后，更能有质疑、有反思，这样才能获得新的认知。这个新的认知就是自己的创造，我觉得这就是读书的最高境界。

我也要摆正位置，做一个好学生，让我们共同进步！

父亲

2018 年 9 月 17 日于华东师大樱桃河畔虹梅公寓

074

晏齐：

　　你好！

　　我最近反复考量你的考研方向，我的建议是，我非常支持你报考复旦大学，但我不支持你跨专业考比较文学，而建议你考你的本专业英语语言文学。

　　我说反复考量，因为我充分考虑到你做出此决定之不容易。而我想改变你的方向，我也需要某种强有力的理由。所以我并非轻易提出我的建议。我想从两个方面来谈我的建议的理由：一个是从长远的学术的角度，一个是从眼前的现实的角度。

　　（甲）从长远的学术的角度

　　我们都知道，比较文学必须是两种语言或多种语言之间文学的比较，它起源于法国，所以比较文学的第一种形态是法国学派，侧重于文学史研究；第二种形态是以美国学派为代表，侧重于文艺学研究；第三种形态是正在建立的中国学派，侧重于跨文化诗学研究。

　　法国学派开创了影响研究的比较文学研究方法，影响研究就是看某一位作家具体受到哪些前辈的外国作家的影响。比如但丁的

《神曲》、歌德的《浮士德》都受到《圣经》的影响。美国的惠特曼对郭沫若的影响，哥伦比亚的马尔克斯对莫言的影响，即通过实证来揭示某位作家的某部作品受到外国作家和作品的影响。美国学派开创了平行研究的比较文学研究方法。平行研究是说，不同国家之间的作家，虽然没有明显证据来证明他们之间受到影响，但是他们在故事情节和人物形象方面有某种相似性，通过类型学和主题学的对比，发现其中所蕴含的共同点和不同点。比如复仇主题，法国作家怎么写，英国作家怎么写，中国作家又怎么写，在根本没有可能读到对方作品的时候，他们是怎么处理同一题材的，由此可以见出他们的相似点和不同点。至于中国学派的跨文化诗学研究，我认为正在发展中，尚未成熟，暂不涉及。我这里普及的比较文学初步知识，你看一本《比较文学导论》即可获知。

维基百科 https：//en. wikipedia. org/wiki/Comparative _ literature（你点开链接看一下全文）说：Comparative literature is an academic field dealing with the study of literature and cultural expression across linguistic, national, and disciplinary boundaries. Comparative literature "performs a role similar to that of the study of international relations, but works with languages and artistic traditions, so as to understand cultures 'from the inside'". While most frequently practiced with works of different languages, comparative literature may also be performed on works of the same language if the works originate from different nations or cultures among which that language is spoken.

维基百科不承认中国学派，它只提及法国学派 French School
(FS)、德国学派 German School（GS）和美国学派 American School
(US)。至于它说，比较文学也能在同一个语言内的不同国家间的著
作之间进行，比如用比较文学的方法对英国、美国和澳大利亚的英
语文学进行比较，这种研究在中国好像不被认为是比较文学研究。

我普及这个比较文学的初步知识，是想让你知道，如果要真正
从事比较文学研究，那就必须至少精通一门外语。如能掌握第二门
外语，则对于比较文学的研究更是如虎添翼。我说的"精通"和
"掌握"有层次上的差别。精通（expert at）就是在听说读写方面都
达到专家的程度，掌握（to understand sth well and know how to use
it）则要达到最低的具有阅读该语种学术文献的能力。另外我认为
"精通"和"掌握"都是一个描叙动态进程的词（experting 或者 un-
derstanding），而 不 是 一 个 完 成 状 态 的 词（experted 或 者
understanded)。举例来说，我不能说我已经"精通"中文了，我只
能说我仍在"精通"中文的路上。所以我说"精通一门外语"，也只
是说达到一个能准确表达（包括书面和口头，日常用语和学术用语）
自己所有思想的程度，在此基础上，再不断精益求精。

所以你可以得到结论，我为什么不支持你现在报考比较文学专
业硕士。我认为，如没有强大的第二外语语言能力，所谓的比较文
学研究就是一句空话。如果只能通过中译本来进行比较文学研究，
那只能是嚼人家嚼过的饭，永远跟在别人的后面走。当然也有人不
通外语，也从事比较文学研究，且也能取得一定成绩。像我也获得
了比较文学硕士学位，但是我如果要进一步，读一个比较文学博士

学位，也不是没有可能，但是意义不大。因为我一直主张，我们读书做学问不是为了获得一纸文凭，而是为了真正有所突破，有所创新。这也是我攻读博士学位改换中国古代文学专业的原因。其实我对外国文学的喜爱一直没变。我的硕士学位论文就是关于俄苏文学在中国的传播和接收，从这个主题就知道我不必懂俄文，我也无须研究俄语文学，我只需阅读译成中文的俄国文学。所以我希望你如果从事比较文学研究，就要从事货真价实的比较文学研究，就不要凭借译成中文的外国文学来加以比较。像我那种比较文学研究，是翻译后的比较文学研究，不是翻译前的比较文学研究，我希望你做翻译前的比较文学研究。

我的想法是，你先报考英语语言文学专业硕士，通过三年的英语语言文学的学习，大幅提升自己的英语水平和法语水平，力争达到精通英语和掌握法语的程度。然后在博士阶段，你确认自己更喜欢比较文学专业，再攻读比较文学博士学位。当你打下坚实的外国语言文学基础，再来攻读比较文学博士学位，你会更加得心应手，游刃有余。否则即使你考取比较文学硕士，你攻读比较文学硕士学位也会力不从心，因为你的外语能力不过关，你会很吃力，外文阅读会大大占用你的时间。

（乙）从眼前的现实的角度

（1）科目分值

考研政治100分，外语100分，两门专业课各150分共计300分。无论你是否跨专业，政治必考，所以政治分值我们不考虑。现在分两种情况。A. 如果你跨专业，你跟中文专业的考生比较，其中外语（英语）100分，因为你本科是英语专业，也就是你的优势学科分值占100分，而两门专业课分值占300分，这是中文专业考生的相对优势学科，是他们的本专业课程，亦即你的薄弱学科分值要占300分。B. 如果你考本专业英语语言文学，那么你学过的学科分值能占300分。其中二外即法语，可能对你有一定难度，但这个有难度的二外分值也只占100分。

所以单纯从难易度来说，如果你跨专业考比较文学，与你的竞争对手中文专业考生比，相对优势科目（英语）与相对薄弱科目（两门专业课）分值比是100：300；如果你考本专业英语语言文学，因为你是与本专业的同学竞争，就无所谓优劣势。当然你也可以说：我热爱比较文学，我愿意花更多时间自学，我不怕这个困难——那是另一回事。那是主观能动性，我现在是客观分析。

（2）复旦大学考研的具体科目内容

除了两门公共课（政治与外语），复旦大学中文系比较文学专业考研专业课分为文学语言综合知识和中外文学与文艺理论。我后来搜索到有考取的考生提供的应考书籍，最低包括章培恒主编《中国文学史新著》、王运熙主编《中国文学批评史新编》、郑克鲁主编《外国文学史》、韦勒克《文学理论》、童庆炳《文学理论教程》、陈惇《比较文学》、钱理群《中国现代文学三十年》、洪子诚《中国当代文学史》、陈思和《中国当代文学史教程》、叶蜚声《语言学纲要》等，估计有20多本书，这个阅读量是比较大的。

除了两门公共课（政治与二外），复旦大学外国语学院英语语言文学专业考研专业课分为基础英语和英美文学史。我看了一下往年有同学回忆复旦考研真题，基础英语分三部分，即英译汉、汉译英和写作，各50分。这一部分是不用备考的，就看英语基本功。要备考的是英美文学史，应该是《英美文学史》和《英美文学选读》，阅读量会小一些。

（3）复旦大学招生名额

我们上次看招生目录，看到复旦大学比较文学专业招收8名，推免生6名，我们把这6名包含在招收8名的名额内，以为只对外招收2名。我今天再次研究了一下复旦大学硕士研究生招生目录，发觉上次理解有误，应该是推免生人数和招生人数各自计算。附网址http：//gsstatic. fudan. edu. cn/ss/

复旦大学比较文学专业2019年招收推免生6名，对外招收8名硕士生；英语语言文学接收推免生10名，对外招收15名硕士生。15名的名额毕竟比8名的名额多一半机会。

晏齐，结合长远的学术的角度和眼前的现实的角度，我郑重建议你报考复旦大学英语语言文学专业硕士研究生。我想提请你注意，我并不仅仅是从容易考取的角度建议你报考英语语言文学。如果想着容易考取，你报考华师大（无论是比较文学还是英语语言文学）比报考复旦会容易些，报考安大比华师大又容易些，那我为什么要支持你报考复旦大学呢？我一直觉得你不够自信，也没有找到自己的发奋点。我想你通过报考复旦大学，并最终考取复旦大学，来提振你的自信心，并在复旦大学找到自己的发奋点。这是我坚决支持你报考复旦的理由。

另外，如果你下定决心要报考复旦比较文学专业，我也可以理解，我也会尊重你的决定，并从多方面来帮助你找书、资料和考试信息。

　　如果确定报考英语语言文学，你近期所看《外国文学史》和《中国文学史》似乎是做了无用功，但我不这么看，你对外国文学史有一个通盘了解，有助于你阅读英文版《英美文学史》。另外我还建议你把《中国文学史》看完，就当作课外阅读书随便翻看，它会无形中促进你对于文学的理解。

　　你对于此事有何想法，不必急于回复我。但我希望你慎重考虑，做出抉择。

父亲

2018 年 10 月 12 日于华东师大樱桃河畔虹梅公寓

075

晏齐：

你好！

因为对推免生人数是否占招生总名额有疑问，我今天拨打复旦大学研究生院招生电话021－65643991得知，推免生是占招生总名额的。也就是说，我在上一封电邮中所说——推免生人数和招生人数各自计算——是错误的。正确理解是，推免生人数包含在所有招生人数内。我又到复旦外语学院网站看了2019年招生情况，http：//dfll.fudan.edu.cn/Data/View/1270给出了具体的表格，可以一目了然。

招生数 专业	专业总招生数	推免招生	考试招生
英语语言文学	15	10	5
外国语言学及应用语言学	3	1	2
俄语语言文学	2	1	1
法语语言文学	3	2	1
德语语言文学	4	3	1
日语语言文学	3	2	1
亚非语言文学	3	2	1

外语学院英语语言文学专业共计招收 15 名，其中推免生 10 名，对外招收 5 名。据此可以想象中文系比较文学专业共计招收 8 名，其中推免生 6 名，对外招收 2 名。无论是中文系比较文学专业对外招收的 2 个名额，还是外语学院对外招收的 5 个名额，竞争都是非常大的，希望你尽早作出决断。

父亲

2018 年 10 月 16 日于沪上樱桃河畔虹梅公寓

076

Dear dad:

I feel very thankful for you could help me searching the Internet for those information about my graduate school exam. Now that you have done a lot for me, including buying those professional books and offering some useful suggestions for me, I need to prepare for the exam carefully and diligently. Only in this way can I reach my dream and show my appreciation to all my family members and friends who encouraged me.

It's getting colder these days and I have to wear warm clothes now. It kept raining for two days and I had to stay at dormitory or went to the library. After scanning the History of American Literature, I feel it difficult for me to read such professional words. I spent some time checking for some words and after two days I finished reading the first chapter. What encouraged me most is that after reading I checked the reference book and I found that I didn't make any mistakes in understanding. I need to read more quickly to grasp the main idea of the text and remember some important information of these key authors. I didn't get familiar with the whole process but I have faith in what I'm doing now and I can make it better in the following days.

Finally, the Selected Modern Chinese Essays inspired me a lot. I read the first essay written by Li Dazhao, which was very impressive. The original work was full of power and the translation work skillfully conveyed the author's spirit, which did a good job. I believe I will learn a lot from these four books.

Best wishes!

Shen Yanqi

October 22, 2018

077

晏齐：

你好！

看到你写流畅的英文信，我很高兴；我能读懂，也很高兴。人们常说，写英文信，能自如地表达谢意而不显得别扭；其实用文言表达谢意也使写信人和收信人都很自在。唯有用白话文写信表达谢意显得太 low，这也是没法子的事情。

你说读《美国文学史》一开始很难，这是很好理解的。因为你之前所读都是描叙性、记叙性的文本，现在突然读到阐述性、理论性的文本，自然有一个接受的过程。不过我想你过了这个阶段，等到大致掌握了相关的论说方式和用词规范，我相信你的阅读速度肯定会快起来。你现在花两天读第一章，就可以大致估计读完全书要多长时间。另外你说对照参考书发现自己没有理解上的错误，说明你的基本功还是好的。做任何事都是需要基础的，我相信你已具备阅读英文版英美文学史的基本功，只是需要跳出来。时常跳出来，不断超越原有的自己，这是提升自己的必经之路。

另外，你说《中国现代散文选》给你许多启发，我也觉得这套书很好，我虽没看过全书，但我零星读过张培基先生的译文，对之很有印象。拿来练习汉译英，这是眼前的技巧上的收获；至于从中体会作者的精神，则是更大的看不见的收获，且也是长远的收获。人是在不断学习中前进的。定下目标，有事可做，激发潜能，不断超越。这就是苟日新，日日新，又日新。

父亲

2018 年 10 月 22 日于樱桃河畔虹梅公寓

078

Dear dad:

Last Thursday night I had just finished revising my textbook. Then, I'd like to jog for a while for our sports test was coming soon. One of my friends joined my jogging party and we decided to meet at the playground.

At about half past nine, we did some exercise and decided to run. I used to put on the headphone while running but since I had a partner, it was not polite to do that, so I put my phone in my schoolbag and my friend also did the same. We kept running for about fifteen minutes and then stopped. I reached to my schoolbag to find my friend's phone but there was nothing there. I felt shocked and didn't realize what had happened. After a long search I could make sure that both my phone and my friend's phone were lost, how terrible it was!

At that time, I tried to stay calm and called a passing student for help. I used her phone to give myself a phone call and it turned out that my phone was power off, which verified the fact of steal. I told my friend to went to the guard and called the teacher for help. I knew that it was useless to call for the police so I went back to the dormitory quickly and told this bad news to my roommates, they all felt sorry for that. Then one of my roonmates lent me a phone and I made a phone call to you quickly. You told me to stay calm and my mom promised that she would buy me a new one. I really appreciated your behavior but later I found that I lost my wallet, which was the last straw. I sat on my chair and felt nothing I could do.

Then, I informed my teacher of this terrible situation and she told me that she felt sorry for that. I couldn't help complaining about the awful security of the school and asked my teacher for some promotion in security. She explained for a long time but I still felt angry. Finally, I had to apply for a new ID card as well as a bank card. My new smart phone was cute and I liked it very much. I had been wondering these days, those who could easily took others' important things away should not complain if one day their important things were taken away. I hated those thieves and I decided not to forgive them.

Shen Yanqi
November 2, 2018

079

晏齐：

你好！

想不到你的同学第一次和你一起跑步，竟然手机也被偷了。我从你当时的电话中没有得悉此事。你俩就当是同病相怜了。The thief 一次作案竟然有两个收获，估计要高兴得向他的同道吹嘘好几天。所以我说请你把过程写下来还是有意思的，只是你写的补办身份证之类事情太简略了。

我相信你就此应该体会到西安窃贼的"敬业"之积极和"技艺"之高超，所以一定要提高防范意识。不能因为在火车站被窃，就只在火车站或人多之公共场所提高警惕，即使是你以为相对安全的校园，也不是真正的安全，当然校方也有责任。你向老师提出校园的安全隐患，我觉得是有意义的。虽然对你自己来说，你向学校反映也不能追回受到的损失。他们不可能立即采取措施，但是反映的人多了，学校领导总会有所重视的。这就是你反映问题的价值所在。

我再说一下我对你对窃贼的气愤的想法。其实我对待你两年前手机被窃和现在这次手机钱包失窃的心情并不一样。两年前我是很恼火窃贼的，这次我也并不是说我就完全无动于衷。我固然要谴责窃贼，但是我却能保持自己心情平静而不愤怒。这当然就是我们通常所说的涵养，我可以笼统地说我的涵养提升了。可是我觉得我的情况还不仅仅是涵养这个词所能涵盖。我的意思是，我现在遇到一件可恼可恨的事，我当然会持一种批判或谴责的态度，但是我不会再产生一种愤怒恼火的情绪。就是说，我把理智和情感完全分开了。我理智上知道该事情应予以谴责或批判，但是我情感上不会由此产生一种愤怒恼火或气急败坏。从另一方面来说，我现在遇到一件喜事，我当然也很高兴，但我不会欣喜若狂。我想我的这点经验可以供你参考。当然你现在还年轻气盛，不可能达到我这种境界，而且我也是在不断修正自己的。你不妨提醒自己，遇事把理智和情感分开来使用，对自己的身心更有积极的健康作用。

另外我要提醒你的是，尽快忘却这件事，根本无须记恨窃贼。你现在要做的是吸取教训：随时保管好自己的物品。更重要的是，你现在要全力以赴看书学习。还有两本书，即《英国文学选读》和《美国文学选读》也是需要认真细读的。我想你可以托你的复旦同学傅应凡打听一下，复旦英语系本科生所用的《英国文学选读》和《美国文学选读》是谁主编的教材。

祝一切安好。

父亲
2018 年 11 月 2 日于沪上樱桃河畔虹梅公寓

080

爸：

　　下周三我们将迎来精读课的期中考试，下周五我们也将面临法语的期中考试，所以比较紧张，不过过了这段时间也就恢复常态了。

　　昨天早上我参加了体测中的一千米项目，跑出了史无前例的 5 分钟，又刷新了最低纪录。通过这次测试，我深刻体会到锻炼的重要性。自从天气转冷之后，我跑步的次数就逐渐减少。丢掉手机之后，我更是一次都没有跑过步了。但是今晚，我决定重新开始跑步，并且要让其成为一个习惯。我现在光是跑完一千米都困难，说明身体素质太差，需要加强锻炼了。

　　最近我一直在看《美国文学史》，我想的是在这个学期结束前看完这本书，寒假回去开始看《英国文学史》。现在，我也渐渐掌握了看英文书的门道，比如有关作者生平简介之类的可以略看，关于他的文学成就之类的细看。同时我也把你买的参考书放在一边对照着看，效果更好。我现在了解到美国文学的开端是清教主义，一群从英国来的清教徒开创了美国的文学。书中介绍的一位著名女诗人 Anne Bradstreet，她的节选诗给我很深的印象。诗中写她热爱她的丈夫以及孩子，生活温馨而甜蜜；她的诗也反映了她作为清教徒的虔诚。她从自然事物中看到上帝的存在，对神明充满敬畏。这其中折射出一位清教徒在世俗和宗教世界的纠缠，对我而言是非常新鲜的。

而在下一章，这种纠缠直接表现在两位对美国文学有巨大影响的人物身上。Jonathan Edwards 是宗教精神的代表。他虔诚而又敏感，与其说他是文学家，更不如说他是一位圣徒。他描述自己独自在林中散步，与上帝进行心灵的对话，这不是普通人能够达到的。至于另一位大名鼎鼎的 Benjamin Franklin，我第一次了解到他是因为他是一位令人震惊的全才式人物。但同时，他在文学上的造诣也相当惊人。我很希望有机会看看他的 *Poor Richard's Almanac*，不知道家里有没有这本书。我逐渐了解到，美国文学能在这么短的时间内取得不亚于别国的成就，正是这些优秀的开拓者不断发掘美国精神，找到属于美国人的东西，并把它们传承下来，我觉得这着实了不起。我倒是觉得中国现在就缺乏这种精神，有些令人可惜。

我们的暖气也开通了，天气逐渐变冷，希望我能克服早起困难症，争取完成每天的任务。

沈晏齐

2018 年 11 月 12 日

081

晏齐：

你好！

我这一周比较忙，今天有空回复你。周二参加邓小军教授《董小宛入清宫与顺治出家考》新书发布会和研讨会，周三上课，周四上课。另外从周三晚上开始到昨晚结束，用了两整天时间，写关于《董小宛入清宫与顺治出家考》的书评，写出三千六百字。当然前期也有所准备，否则仅仅读完该书两天时间都不够。我讲这个事，也是自己的一个新体会，即对自己必须有要求。我以前写一篇三四千字书评，至少要一周时间甚至更长，因为总是拖延，放松自己；现在是胡老师让我来写，我再也不能拖延，于是就逼迫自己认真来写，也就写出来了。我想说的是，哪怕是成年人，也有偷懒之时，绝对自觉的人是没有的，也许有绝对自觉的圣人。所以我们必须对自己严格要求，必须要有监督。

前几天跟你妈微信视频，你妈提及你要下大力气背单词，且买一本纸质书来背，因为在手机上背诵效果不明显。我觉得这个建议非常好。我则更进一步，把它作为一个要求对你提出来。单词必须尽快过关。词汇量不超过一万，任何英语学习都是空话。我查了一下，有两个版本针对专八背诵的，一个是华研英语 http://item. jd. com/27523275805. html；一个是星火英语 http://product. dangdang. com/1321075415. html。你挑选一个，跟我说，我来下单购买快递给你。它们都提及到专八词汇量是13000个，我感觉你目前应该有8000的词汇量，再突破额外的5000词汇量，就足以应对你接下来的专八、雅思以及研究生考试的词汇量。其实我记得我之前就说过要突破单词量，可能你没有引起足够重视，因而成效不明显。只要做起来，就永远来得及。人是必须对自己有要求的，否则必将事倍功半。我相信人是有潜力的。背熟单词，必将提高你的英语阅读速度和理解能力；大量阅读，也反过来加深你记忆单词和运用能力。另外，我要提醒你，法语单词的背诵也必须现在就着手，你咨询一下贵校法语专业同学，达到法语专业四级需要掌握的词汇及他们所用的书籍，也及早买来并背诵。

你对美国文学有了自己的感悟，这是很好的事。读书有想法，才叫读书。读书不能形成自己的想法，那不叫读书。因为我认为，读书除了增加知识，更是训练自我的思维。有了思维能力，才能对纷繁复杂的世界做出自己的判断。增加知识是"学"，做出判断是"识"。在我看来，"识"比"学"更难得更重要。但是没有"学"哪里来的"识"呢。学识，学识，学以促其识，识以济其学，两者存在着互动的关系。家里没有富兰克林的 *Poor Richard's Almanac*，你感兴趣，可以到你们学校图书馆借阅。我相信这种常见英文版本图书，你们外语类大学图书馆应有收藏。中国人的确缺少美国人的创造精神，你的观察是切合实际的。所以我们也可以身在中国而学习美国人的创造精神。我就是不想浑浑噩噩地过一种无聊的生活，才考取华东师大读博士。也许我的创造力有所减退，但我有心来学习，来创造，这也可以看作是对美国人所代表的创造精神的一个致敬吧。

其实我自己最近也在跑步。我倒不是说跑步就是锻炼身体，其他方式就不是锻炼身体。我是觉得假如需要我跑一千米，我应该能跑得动。9月8日为了赶火车，我跑了两三分钟，上车后气喘吁吁，我觉得这不行，必须让自己保持跑一千米的能力，所以我就练习每天跑一千米，加强锻炼是非常必要的。

请你阅读此邮件后尽快回复我。

父亲
2018年11月17日于沪上虹梅公寓樱桃河畔

082

爸：

上周我们结束了精读的期中考试，我得了 82 分，算是比较优秀的成绩了。主要这次我提前做了很多复习准备，老师也承认改卷不是很严，但即使这样还是有不少人没有及格。这周过得比较轻松，但是下周我又要迎接很多测试，比如说翻译和法语课期中考试，美国文学史的选修课考试，还有写作课的作文也是下周上交，也就是说本周的双休日我会比较忙碌。

林达的书我看完了前两本，不得不说我对美国又有了更新和更深入的了解。我很庆幸我在还未去美国之前，能看到这样翔实而又理智的对美国风土人情的描述和评价。我们常说眼见为实，但事实上很多人即使亲自去过美国，也不能深刻体会到这个国家内在的品质和精神。林达提供的一桩美国案件的审理全过程，让我切实感受到了人民在自由和安全之间做出的艰难抉择。再联系到我在美国文学史上读到的美国建国史，我就能明白，这个国家的人民，在经历了英王蛮横而又残酷的专制统治后，对于个人的自由看得比什么都重。他们宁愿"漏放一千"，也绝不愿"错杀一个好人"而使任何一位普通公民的利益受到损害。这是美国人的立国精神，尽管他们为此付出了沉重的代价，但他们仍然倔强地走在这条荆棘遍布的路上。

星火单词我已经开始背诵了，它的正文部分是由 30 个 Word list 组成的，每个 list 有大概 15 页，每页约 10 个词，我的打算是每周背两个 list，整本书背上三遍，应该能大体掌握所有词汇。按照书上的说法，词汇量能达到 13000。美国文学史这本书共有 26 章，我现在的速度大概每周看一章，这个速度应该是实际上课的平均速度，寒假结束之前应该能把这本《美国文学史》看完并大致背诵。《英国文学史》我还未开始看，我打算寒假正式开始看，争取寒假能把《英国文学史》看到一半，《美国文学史》看完。法语的单词我还未准备，因为现阶段的法语课就已经让我有些应接不暇，第二学期法语语法比上学期更加困难，我想先把下周的期中考试准备好。

听说你和妈妈今天去贵池，我昨天看到你们发的照片，我拿给室友看，他们都说你们很年轻，我非常希望我在老了之后，也能有你和妈妈那样健康积极的心态。

沈晏齐

2018 年 11 月 23 日

083

晏齐：

你好。

我 21 日回家，27 日来上海，匆忙中没有及时写电邮，现在有空回复你。

我想只要付出过，就必有收成。你说精读成绩较好，我想等你坚持一段时间背完单词，再参加任一英语考试，成绩必会有更大幅度的上升。我的建议是第一遍背诵时不妨速度略快，哪怕有些单词没有记熟也不要紧，你肯定要复习第二遍查漏第三遍。通过"背诵－复习－查漏"三轮下来，可记熟百分之九十以上，也基本差不多了。这个建议仅供你参考，每个人的学习模式不一样。

林达是一对夫妇的笔名，他们是美国通，出生于上海，1991 年移居美国。我觉得他们的文章最大特点就是"通达"。做人做到通达的份上，就是通人；写文章写得通达，那就是文章达人。他们的文章我其实没有读过几篇，但是我通过有限的几篇，就能看出他们的文笔和见识非同一般，所以推荐给你，也算是先在书本上游历一下美利坚合众国。如你所说，了解了美利坚的建国史，才能理解为何他们更珍爱自由。你概括得很好："他们宁愿'漏放一千'，也绝不愿'错杀一个好人'，而使任何一位普通公民的利益受到损害。"而有些国家，宁愿错杀一千，也绝不愿漏放一个。这是两种不同的理念。

你在 26 日微信中所说，反映的是一个人知识与见识并不一致的问题。也就是说，你不要以为，有些人掌握了一些知识，他们就天然地具有明辨是非的能力。有些人有知识，但是没有见识，他们没有自己的思想，只能人云亦云。这是另一类蒙蔽，他们更需要启蒙，开启他们的蒙蔽，然而这是一个很复杂的事情，一两句话说不清。所以我当时对你说，做好自己的事情，跟那种没有是非观念的人不用接触，也无须跟他们争论。任何时代不能明辨是非观念的人，都是统治者所最喜欢的。所以我把抄录在《通鉴胡注表微》上陈垣先生《南宋初河北新道教考》中的一段话再抄录送给你。"何谓留读书种子？全真家可贵，非徒贵其不仕也，贵其能读书而不仕也。若不读书而不仕，则滔滔天下皆是也，安用全真乎！若因不仕而不读书，则不一二世悉变为无文化之人，此统治者所求而不得也，故全真虽不仕，书却不可不读。"

我这次回家前后七天，除了来回两天在路上，有五整天时间。我的体会是，任何一个人都是环境的产物。我回家，在合肥和池州两地跑，根本没心思读书，虽然我尽量挤时间读了 180 页的《通鉴胡注表微》，但还是荒废不少时间，而且心思都野了。我本来可以过一种平庸的生活，而这种生活也自有它的诱人之处。但是人必然要超越自己的自然的本性而过一种更有意思的生活。中国文化中一个最大的特点，就是要求人超越自己的自然本性，而要求一种更高的道德本性，即提倡一种与人性之自然倾向相背离的道德倾向。如在孝顺上一代与喜爱下一代上，人的自然本性更倾向于慈爱下一代；如在义和利之间，人的自然本性是更倾向于利益的。但是中国文化，恰恰是更提倡与人的自然本性相背离的那一面，即人的道德倾向，亦是压抑人的自然本性的一面。比如中国文化在孝和慈之间，更提倡孝；在义和利之间，更提倡义。在德和功之间，更提倡德。这就是宋儒所说，存天理，灭人欲。我们今天当然不是要遵循"存天理，灭人欲"的极端观念。从现代心理学的角度来看，"人欲"是不可能"灭"的，所以我觉得不妨把"存天理，灭人欲"改为"发扬天理，抑制人欲"。一个人必尽可能抑制其动物性的本能一面，而高扬其人的道德性和文化性的一面。我这个话，还是上次电邮中对自己要有要求的看法的另一表述。

另外，我想你也不必过于着急，现在全身心投入备考，应该不晚。任何时候都要保持张弛有度，对自己有要求，和劳逸结合，并不矛盾。

父字
2018 年 11 月 29 日于樱桃河畔虹梅攻玉楼

084

爸：

　　最近全国降温，西安也在昨天迎来了初雪。虽然雪下得不是很大，但往日略显沉闷的学校无疑被这份惊喜给点燃了，雪地里有很多漂亮又生动的涂鸦，操场上也有打雪仗的人，到处都是快活的气息，让我不禁赞叹大自然的奇妙。

　　本周翻译课上，老师讲解了我们的期中考试卷。我考得不好，得了74分，全班最高是95分。首先，我在考前没有做到仔细复习。事实上，老师在考前就提醒过我们，要着重看课本的14至16页，等于是把考点都告诉了我们。但是我却忽视了这部分，仅仅浏览了下，觉得考试总不至于出书本上的原题，但事实就是老师直接出书本上的原题，对应书上五个考点，按照点打分。这之后我反思如果能认真花个20分钟背诵一下这些考点，我至少能多拿10分，成绩也就上了一个档次。

　　除去这部分遗憾失分之外，我仔细看了看卷子剩下的部分，发现这也是我和得高分的同学真正差距所在。听了老师的分析后，我觉得我还是对翻译理解不够。这次考试我过于注重抠字眼翻译，不能跳出一个单词而去把握整体。有些地方我过于纠结某个单词的含义，不能在语境里灵活变通，这是我的短处。老实说，我觉得我在翻译上可能缺些天分，我自己也能清楚感觉到。在课堂上，经常有同学能够给出灵活又优雅的翻译，让全班人都为之鼓掌，我只能写出那些最简单又原始的译句，我深深感受到我的差距，结果写句子时越来越缩手缩脚，在考试中这种问题就暴露无遗。今天早上你的那通电话提到要我多看看散文翻译，我觉得很有必要。

最近我把林达的四本书都读完了，我很高兴地看到班里有别的同学也在读这套书，而且有很多同学互相传看。我自以为足够了解美国，却发现我所知道的实际上少之又少。最让我印象深刻的，是书中关于美国南北战争，也就是美国内战的描述。课本上总说，美国内战是北方工业经济对南方奴隶主庄园经济的战斗，但是林达在书中写道，南方并不想挑起战争，他们只想安心发展经营他们的奴隶庄园，这种理念和北方格格不入，且在道义上受到指责，于是他们想脱离美国独自求发展。但是林肯总统不愿看到国家分裂，于是向南方发起了战争。也就是说，是北方拽住了想脱离的南方，才发生了这场战斗。书中的一句话让我印象尤为深刻："他宣布征兵，人数是七万五千人，征兵期是三个月。我一直在想，如果他当时预料到他做出这个决定的后果，是长达四年的血腥厮杀和整整六十万美国年轻人生命的丧失，以及整个南方几乎化为焦土，不知道林肯是不是会说，就让南方去吧。"

然而，历史永远无法重来，我们也无从得知林肯总统是否会

　　改变主意。从这篇文章里，我深深体会到了一种历史的沉重感和无奈感。我们学历史，总是云淡风轻地一笔带过，可真回到那个时候，历史性的决定在做出来的那一刻，绝对不是轻松愉快的。书中又提到南方军的总指挥罗伯特·李将军，他坚定地反对奴隶制，同时也不愿意看到国家分裂。但是，当林肯总统为了国家统一而发动战争时，他不得不做出抉择。林肯总统甚至曾任命他做北方军的总指挥，攻打他位于南方的家乡弗吉尼亚。看到这里的时候，我总在想，如果我是李将军，我会做何选择？最终，李将军选择为自己而战，他反对林肯总统为了联邦统一而损害地方州的自主权，但与此同时，他也把自己推向了一个无法洗清的地位，那就是领导着他所憎恶的奴隶制庄园经济主们进行这场不甚正义的战争。

　　我看到这里时，想到了江南在他的小说《龙族》里写到一个日本留学生源稚生，他是日本黑道之王，手上沾满鲜血，可他本人只想过平静的日子。所以他一直在怀疑自己的人生是否正确，他在年轻时前往美国求学，在学校里，他向德高望重的校长发问："校长，人这一生，究竟可以为了心中的'大义'付出多少？"从他的身上，我依稀看到了罗伯特·李将军的影子。这就是人的悲哀，很多时候，人不能左右自己，即使他身居高位。李将军的心中，一定也有着他所坚持的"大义"吧！即使他身不由己，被命运捉弄，他依然做出了在那个时刻自己所认为的最正确的事情。所以，我觉得这正是人的伟大之处。即使身不由己，也要竭尽全力。因此，书中提到李将军在后世受到来自全美国人民

　　的尊敬，在了解了他背后所背负的东西后，没有人会责怪他的所作所为，同样的赞美也可以放在林肯总统身上，他们是真正的英雄，即使他们的人生充满悲剧。

　　天气转冷，希望你能注意保暖，照顾好身体。

沈晏齐

2018 年 12 月 9 日

085

晏齐：

你好！

这几天为加拿大签证准备材料，昨天去办了签证，总算了结一桩事。现在是早晨六点钟，我有空来回复你。写完本篇时，正好是七点钟。

有趣的是，我本来以为要到加拿大驻沪总领事馆办理签证，事前还担心自己的英语口语无法应对，而实际的办理机构，我估计是经加方授权的中方代理，办事员全是中国人，叫号先用英文，无人应答时就改用中文。交谈全用中文，所以很便捷。我的最大感受是，我们的钱是纸，他们的纸是钱。虽然事前我做了充分准备，但是难免还有疏漏。比如身份证我虽然复印了，但是没有译成英文，由他们翻译就是 75 元。其实我只需要从网上下载一个模板，把名字和地址改成我的就行，5 分钟的事，但是他们收取 75 元。幸好户口簿我就是这么办理英译的。又比如我带去的照片他们说不合要求，现场拍照，35 元。而我不想再跑一趟，所以都在现场办了，只好任他们宰割。不过那个颇为气派的办公大楼，那些办公成本，都需要折算到我们头上，收费高也就可以理解了。

关于翻译，我看到你能自己总结教训，是个进步。至于你说你在翻译上缺少天分，这个观点我不能认同。我当然承认人有天分之别，不过不经过开发培养（cultivated）的天分是不存在的。cultivate 跟 culture 有关系，culture 必经过 cultivated 才能形成，也就是说，"文化"要"以文化之"。你经过了多少翻译训练就敢说自己没有翻译天分？你以为天分就是上天给你的，不需要你来开发培养就可以坐享其成？我现在越来越相信，越是勤奋，越有天分。我记得郑克鲁先生说过，先翻译 100 万字以上再来谈翻译能力。台上一分钟，台下十年功。你以为你的同学课堂上翻译得好的，纯粹是靠天分吗？我相信他们绝对有天分，但是他们肯定是经过长期训练的。任何事情，只有实战才是训练和提升能力的唯一途径。所以我希望你认认真真把翻译实际训练起来。这个也是一年后你考研的必考科目。而且我认为，翻译是比较容易拿分的，必须切切实实做起来。

我这学期也有一门翻译课，结合授课老师所说和我的体会，第一是把要翻译的部分快速浏览一遍，搞清文章大致意思。然后再来分句子翻译，译完后再通读一遍，看是否符合汉语习惯。你说你逐字逐句抠字眼翻译，这就是不懂技巧。任何高明的文章，都肯定是非常讲究写作技巧的，字词之间，句群之间，段落之间，必有关联，你拆碎了七宝楼台，逐字逐句抠字眼，必然因小失大。还有一点需要注意的就是熟练程度。我 20 多年前读复旦大学葛传槼教授的文章，他说他每看到英文，则必联想到中文，每看到中文，则必联想到英文，这中间几乎不经过思索，是一种本能反应。中英文之间熟练到本能的程度，熟练到"1＋1＝2"的程度，自然一切问题就迎刃而解了。你现在的学习阶段，还是处在这个熟练阶段。而如何达到熟练，仍是多加练习。

可能你觉得，又要背单词，又要看《英美文学史》，又要做翻译训练，又要应付上课作业，又要锻炼身体，又要有一定的娱乐休闲，似乎时间不够用。这就需要你统筹兼顾，合理安排好时间。上天给我们每个人每天 24 小时，但是怎么合理安排，上天却没有给每个人同样的答案。从给定的每天 24 小时中，从容有序地做好自己的事情，这也是一种能力。这种能力的获得，仍旧要靠自己实际训练培养。

你读林达的书，有自己的思考，我很高兴。林肯和李将军都得到美国人的尊重。仅此一点，就值得我们深思。美国是一个奇妙的国家，奇妙就奇妙在它一直能保持活力，以我对美国文化的了解，我还不能完全弄清它保持活力的根源。因为我不能读英语原著，我没有到美国实地考察，我的所见所得，都来自别人的转述。我希望你能多探索，在这方面能解我之惑。当然不是现在，而是等你进一步学习探索美国文化之后。没有见过雪的人，无论听别人如何描述雪，也不可能跟亲眼见过雪的人的感觉和理解一模一样。

我去年这时节，正好来华东师大面试；明年这时节，你即将参加研究生考试。一年的时光很快就会过去。怎么将一年的时光充实为饱满的生命，而不是仅仅收获为空虚的感叹，这之间的差

异就造成人与人的差异。有人会感叹，我又衰老了一年；有人会
欣慰，我又前进了一年。上天给我们每人一年365天，空耗生命
的人会将365天消磨为无价值的岁月，珍惜时间的人会将365天
创造为有价值的生命。晏齐，珍惜和创造生命！

父亲
2018年12月12日于沪上樱桃河畔虹南公寓楼

086

爸：

这周开始天气逐渐转暖，一天最热的时候甚至能达到 10 度左右，学校里有的人穿薄外套，也有人穿羽绒服。不过这样的好天气只能持续到本周三，之后最高温将降到零度左右，不过好在我也只需要最多三周就能放假了。

这周我的作业比较多，首先是写作课的作文需要把终稿写出来。我们写作课作业分为初稿和终稿两部分，第一周带上打印好的初稿，同学之间互相批阅，老师会在初稿上对评改的同学打分；第二周就需要带上终稿，并把两份作业钉在一起，老师根据终稿给作者自己打分。也就是说，全班每位同学都会得到两次打分，一次是作为 reviewer，而另一次是作为 reviewee，这个词是我根据"雇员"和"雇工"，也就是 employer 和 employee 造出来的，事实上老师在上课时也使用了这个词，我原以为这是一个实际存在的词汇，直到刚才打出来才发现它并不存在，至少在有道词典上查不到这个词，这也算扫除我的一个知识盲区。

精读也要求写一篇作文。总的来说，我们的精读课一般很少布置作文，一个月可能才有一篇作文，但是老师挑选的话题通常都和本单元的课本内容有关，且非常具有挑战性。比如上次作文，我们被要求分析企业引进人才和自己独立培养人才两种方法孰优孰劣，这个话题难倒了很多同学。而这次，我们需要找出自己在生活中碰上的逻辑谬误，并分析受教育程度高的人群，甚至是历史学家、政治家们会不会犯逻辑谬误。这些话题都和课本内容有关，我们很多人都是第一次接触这样的话题，所以作文也非常难写。

最后，就是我在电话里提到的翻译课的 presentation 展示。我们小组加上我两女一男总共三人，主要讨论的话题是英语文学作品的翻译该如何进行。我们小组周五早上在食堂讨论后，决定前半部分三人一起分析文学语言的特征，文学作品翻译的特点之类的较为笼统的话题，接着三人分别就不同的文学体裁翻译进行举例说明。因为文学体裁众多，不可能全部涵盖，我们就挑选了最重要的诗歌、小说和散文来举例，而我负责的是小说的翻译。我举了《老人与海》中那句经典的"一个人可以被毁灭"那一句，还有小说《怦然心动》中的名句"斯人若彩虹，遇上方知有"，这句是由韩寒译的，实际上我觉得挺花哨的，但是它很适合作为例子用在 PPT 上讲。

因为这周作业很多，我就没有太多的时间去看书，但我还是抽空看了散文选中的一些篇目。我感到我还是对英语这门语言不够娴熟，张培基先生所给出的译文几乎没有什么生僻词汇，但是他总能想出非常新颖的词组组合，让我一看就懂，但是叫我去写就写不出。比如说一句简单的"看不见人影"，我们能想到的是"can't see anyone"或者"there's no people in my sight"，但是张先生就能巧妙译成"not a soul in sight"叫人耳目一新。实际上，老师在课堂里也多次强调，写作或是翻译，一定要避免陈词滥调。我们用惯的"as we all know"或是"as every coin has two sides"以及"with the development of technology"等等，无不令人生厌，但是我们也囿于眼界有限，不能自己造出新用法。我觉得多看看散文选中总结的这些新颖用法对我的学习很有好处，我也要自己试着创造一些词汇和句法，希望能在以后发挥用途。祝你在上海学习进步，享受生活！

沈晏齐

2018 年 12 月 17 日

087

晏齐：

你好！

你所说的英语单词末尾带有 er 和 ee 分别表示主动者和被动者的区别，我记得有几对单词，interviewer 表采访者，interviewee 表被采访者，又如 trainer 和 trainee，以及 examiner 和 examinee 等。至于中译英比较俏皮的一例，相传是钱锺书先生译"吃一堑，长一智"为"A fall into the pit, a gain in your wit"，英文句式的整饬对仗非常明显，就是英语国家的普通人也写不出这么工整的句子。另外我读《管锥编》，则更多发现钱先生喜欢以中国对仗句式译外国语言，如译"All similes are true and most metaphors are false"为"明比皆真，暗喻多妄"，这还基本与原文句式相符；又如译"in saying this we express no belief"为"外示和同而内不奉持"，则可见钱先生是完全打破原文句式而故意译成偶句的。这些精微奥妙之处，诀窍就在于多看多写多思考，这是要靠长期的阅读写作和思考才能达到的，你说要"创造词汇"，这个还是要尽量慎重；改变通常写法，运用巧妙的句法，这是非常必要的。同时我想说的是，正是在学习和创造中，你才能体会到学习英语的乐趣，一味地被动学习是很枯燥乏味的。

我前几天推荐你看美国现任首席大法官约翰·罗伯茨在儿子初中毕业典礼上的致辞，我现在复制在下面，我感觉他所用单词非常简单，但是含义却很深，值得我们进一步思考。我叫你试着翻译，其实是想让你借着翻译来加深对此文的理解。思想是文章的最重要的灵魂，用简单的词语表达深刻的思想，这就是写作的要诀。《论语》文字亲切有味，而不妨碍其探讨深奥的问题；蒙田随笔的通达，培根论说文的睿智，皆通过平易的文字表达出来。

Now the commencement speakers will typically also wish you good luck and extend good wishes to you. I will not do that, and I'll tell you why.

From time to time in the years to come, I hope you will be treated unfairly, so that you will come to know the value of justice.

I hope that you will suffer betrayal because that will teach you the importance of loyalty.

Sorry to say, but I hope you will be lonely from time to time so that you don't take friends for granted.

I wish you bad luck, again, from time to time so that you will be conscious of the role of chance in life and understand that your success is not completely deserved and that the failure of others is not completely deserved either.

And when you lose, as you will from time to time, I hope every now and then, your opponent will gloat over your failure. It is a way for you to understand the importance of sportsmanship.

I hope you'll be ignored so you know the importance of listening to others, and I hope you will have just enough pain to learn compassion.

Whether I wish these things or not, they're going to happen. And whether you benefit from them or not will depend upon your ability to see the message in your misfortunes.

我最近读陈之藩散文很有兴味。陈之藩先生（1925－2012）是一位电机工程专家，也就是我们通常所说的科学家，曾任职普林斯顿、麻省理工、波士顿大学和香港中文大学等校，他是华裔科学家中散文写得最精彩的。文字幽默风趣，典雅平易，更重要的识见超群，对许多问题的看法高人一等入木三分。我引用他《天堂与地狱——读欧威尔的〈一九八四〉》（一九八四到来之前十天于香港）开头一段话以见一斑："当其始也，是想把人间建造为十全十美的天堂；及其终也，却把人间糟蹋成不折不扣的地狱。统筹其事的工程师，指挥其事的革命家，歌颂其事的艺术家，呼号其事的青年，奔走其事的群众，大家注视着曾为自己血汗所挹注、经由自己亲手所创造的史无前例的大垃圾堆，痛苦之余不能不茫然。从茫然与痛苦中慢慢清醒过来时，内心是受骗的感觉，嘴边是呻吟的声音。在这一片远远近近、此起彼伏的呻吟中，有一人的最为亢烈，这就是欧威尔的《一九八四》。"我想有多少人阅读评论《一九八四》，冗长琐碎而不得要领，陈之藩先生这段话却一剑封喉，一下子抵达问题的核心。这就是思想的力量。

你说祝我在上海"学习进步，享受生活"，我正好也做一个回顾。我来上海近四个月，除了正常修读四门课程，还写了三篇文章。一篇非 C 刊已确定在 2019 年第一期刊发，一篇已被 C 刊主编接受同意发表，一篇万字论文已写出初稿，正在进一步修改中。所谓 C 刊，是 CSSCI 的缩写，即"中文社会科学引文索引"英文 Chinese Social Sciences Citation Index 的缩写。被列入这个 CSSCI 的刊物简称为 C 刊，在 C 刊发表文章被视为取得重要的学术成果的标志。很多国内大学要求博士研究生必须在 C 刊上发表两篇论文，否则不予毕业。一个本科生如能在 C 刊上发表一篇论文，考硕士面试时肯定就高枕无忧了。比写文章更重要的收获是读书融会贯通，把以前零散的阅读串联起来，连成了一个学问的网络，颇有古人所说的"左右采获"的感觉。享受生活方面，我来华师看了一场越剧《梁山伯与祝英台》，看了两场话剧，即曹禺的《原野》和根据加缪同名长篇小说改编的《鼠疫》。这三场观剧都无须买票，都是从学校领票，而且演出就在研究生公寓马路对面，不用花时间跑路。当然我没有逛一次街，因为逛街不是我所享受的。我还想说明一点，我能在年近半百攻读博士学位，应该归功于你妈妈对我的全力支持。我能在上海安心读书，也是因为她为我承担了许多本来需要我来处理的家事。一家人不需要说感恩和报答的话，但我们不应忘记他人，哪怕是家人为我们所付出的劳动和心力。

　　估计你现在读书是"左支右绌"，但是不必着急，不断读下去，会有"左右采获"的那一天，你会享受到纯粹读书的乐趣的。

父亲

2018 年 12 月 21 日于沪上樱桃河畔虹梅攻玉楼

088

晏齐：

你好！

以下是我昨晚听华东师范大学新年音乐会的日记片段。

坐在第三排，我能清楚看清演员的面部表情。乐队指挥常林教授驾轻就熟，淋漓洒脱，众多小提琴手和大提琴手毕竟坐在乐池中间，不用面向观众，似乎也不感到紧张。我发现登台表演者却颇有紧张感，连主持人也难免。第一个独唱的旅德女高音歌唱家高凌媛在等待开唱的时刻，面部的肌肉也是绷紧的，随着音乐前奏响起，一旦开唱，面部表情才渐渐舒展丰富起来。第二个独唱的白俄罗斯姑娘薇拉唱中文歌曲《弯弯的月亮》，估计是过于紧张而根本无法展示其歌喉之魅力。力量之声组合（本来是三人组合，因其中一人去湖南卫视录制节目而缺席）的两位演唱者相对落落大方，演唱也极为潇洒澎湃。音乐学院的小提琴老师金鑫独奏《庆丰收》和柴可夫斯基的《旋律》，金老师微闭着眼睛，完全进入所演绎的乐曲中，神情专注而又旁若无人。我虽然对乐曲不熟悉，但是行云流水的毫无挂碍之感却令我非常舒服。一个外行也能被感染，这大约即是音乐的魔力。也许常林教授是最自然潇洒的，音乐会他还装扮成圣诞老人，指挥时因动作幅度过大而致圣诞老人帽子掉下来，他也一边从容拾起，一边继续指挥。一曲完了，他拿起放在脚边圣诞老人的礼物袋子，将其中的糖果撒向观众席，引爆一阵阵欢笑。他本来是面向观众撒糖果的，且一直抓着糖果向观众抛撒的，我看到他又抓起一把糖果，作势要撒向观众时，却突然转过手心，向后面乐池一甩，一大把糖果就撒向了演奏者们。音乐厅内发出快乐的呼啸声。常林教授背着圣诞老人的礼物袋，走向后台。等到主持人报幕完毕，他又换上开始所穿的燕尾服，英姿勃勃地指挥起来。一个激扬的挥舞使他的眼镜碰落在地，他挥洒自如，直等到乐曲完了，才由他身边的演奏者把眼镜拾起交给他。我看到他在等待的间隙，不停地从口袋里拿出纸巾擦汗。乐队指挥真是一个力气活！我在观看音乐会的压轴演出柴可夫斯基的《天鹅湖》组曲序曲和《我的祖国》时，更加体会到乐队指挥的风采！这个压轴演出的指挥是华东师大音乐学院院长吴和坤教授。吴教授个子不高，站在指挥席上，稳如泰山。他开始的动作极为舒缓优雅，可是顷刻间却如同爆发的怒狮，头上的每一根头发都在颤动，脸上的每一块肌肉都在抖动，我似乎能感到他拼命咬紧牙关，以防止整个灵魂从他的身体里迸发出来。然而刹那间，他又从这种不顾一切的狂野中收回来，宁静自如地微微颔首，整个身体看不到一丝的摆动，卷起千堆雪的狂风巨浪在片刻间化为波平如镜的古井，只有一丝丝的涟漪，从圆心向周围发散开去，渐渐化为虚无。然而片刻的宁静预示着下一轮的爆发。他再次如脱缰的野马，如咆哮的山洪，如喷射的子弹，带动着整个乐队，带动着全场观众，进入一种如痴如醉如狂的境地，所有人都在那一刻忘记了自我。我本来打开手机要录影，可是举着手机三分钟后才突然发现没有按开关。我想只有音乐才有这么大的魔力，能在极短时间内，把人带入宗教般迷狂（ecstasy）的状态。

祝圣诞快乐，新年进步！

父亲
2018 年 12 月 25 日于沪上樱桃河畔虹南攻玉楼

第四辑 〉 *2019*

固定性思维的人，

固守着原有的知识结构和知识体系，

不知道天外有天，

地球系之外有太阳系，

太阳系之外有银河系，

宇宙之外有更大的宇宙。

089

爸：

自从我放假回家之后已经过了两天。事实上，关于回家之后我要做些什么，我在考试的那一周已经在考虑。12 号晚上的卧铺火车在 10 点就熄灯了，我当时正在看那本《霍乱时期的爱情》，只好无奈地放下手中的书在黑暗中发呆，同时仔细思考着寒假的计划。具体来说，我想要背完那本单词书，也就是之前和妈妈约好的，我背诵她负责检查。13 号回家之后我早早就睡了，因此 14 号我才开始这个计划，也就是昨天我让妈妈检查了单词的背诵。今天的背诵检查还没开始，因为直到现在我还在准备。

除此之外，我带回了我的法语课本。这是我自己打算做的事，就是把法语课学到现在的知识在寒假再复习一遍。这次法语期末考试我得了 82 分，比上学期有进步，但是这是我有重点地复习的结果，因为老师提前告诉了我们题型，里面没有去年的单词填空和变形，所以我基本没有背那些基础的法语单词，只是重点看了看语法和翻译句子。我花了大量时间把课后的翻译句子习题看了看，因为老师说考试会出课后的原题，结果考试中出现的翻译题都是我复习到的，我第一时间就写了出来。因此我想在寒假把法语单词好好背一背，算是弥补下考试周没能复习单词的遗憾。

这次我带回了《英国文学简史》和学习辅导书。我目前还没来得及细看，但我想这个寒假要重点精读这本书，像去年暑假一样做做笔记。事实上，这学期我选的一门选修课，就是由我们英文学院南健翀老师教的英国文学史，我在离校前把他这节课的笔记都打印出来也带回了家，这些笔记虽然简短，但应该对我的学习有帮助。《美国文学史》我只带回了辅导书，我在学校已经看了一部分，寒假回来接着把它看完应该没什么问题。我打算每天早上看看作品选，下午则整理笔记，晚上再让妈妈检查我的单词。

另外，锻炼身体也很有必要。我 13 号下午刚到家，妈妈就说我又胖了。的确，我比暑假那会儿更胖了，妈妈也督促我每天晚上和她一起在小区外面跑步，我已经连着跑了两天，每次都很累，但是妈妈说要把路程一点点加上去，不然就很难达到锻炼效果。在家里我也要适当锻炼，我和妈妈的目标是争取在回乡下之前减掉 5 斤，整个寒假争取减掉 10 斤，希望以上的目标都能如期达成。

其实，当我还不知道你签证没有办下来之时，我也打算在回家后每周给你写信，但是很高兴的是你能回家和我们一起过年。三月份之后的加拿大应该不那么冷了，乡下的奶奶应该也会很开心吧！这简直再好不过了。我刚到合肥站，从火车里下来时，就闻到一股我熟悉的，独属于合肥的味道，这味道比西安的雾霾味道好闻多了！我相信我能在我的家乡做好一切考研的准备工作。

沈晏齐

2019 年 1 月 15 日

090

晏齐：

你好！

我到加拿大蒙特利尔已经五整天，但是时差还没调整过来，主要是睡眠颠倒。这几天还没正式工作，只是写了比较详细的日记。我把主要内容发给你。

2019 年 2 月 28 日 阴转多云，午后晴

在微信圈转发妻子所唱《执意不悔》，加按语说"虽我心怯，有妻壮胆。万里取经，平安圆满"。这是对我赴加拿大访学的暗示。可能别人对出国跃跃欲试，我却真是惴惴不安。早饭后散步回宿舍，读研究杨恽"南山种豆"诗祸文章，惊异于陶渊明"种豆南山下"之引用杨恽典故而不使人觉。中午杨园兄为我和冯坚培饯行，在秋林阁二楼请我们吃饭。

12：45 午睡，13：40 起床，14：15 与同学打车出发，花费 159 元，包括 15 元过路费。15：00 到达浦东机场 2 号航站楼，过第一道安检。15：15 在 B 区排队，AC012 航班 14：30 办票开始，17：15

办票截止。排队候机者多为中国人。15：55 拿到登机牌，托运大小两只行李箱。16：20 海关边检盖章。16：25 过第二道安检，很严格，解裤带、脱上衣、拿出电脑单独检查。我放在裤子口袋里的加元检查时发出嘀嘀声。16：30 到达登机口 D229。17：20 排队登机，中外人士各半。18：10 检票上车，两分钟后到达停机处，下车前接侄女照全电话。

走上舷梯，18：15 找到机舱座位 21K（靠窗位置），将飞行11363 公里，约 13 个半小时。我的座位前面有一个电子屏幕，安装在前排乘客的座位后背上。通过点击电子屏幕可以实时查看飞行动态，也可以看电影、玩游戏。我就把飞行动态记到手机备忘录上，虽然手机已自动失去通讯功能。

18：36 飞机发动进入跑道。18：49 提速飞离地面。18：53 升到2500 米，之后不断攀升。19：07 升到 7620 米，机舱外－32℃。此后基本维持在此高度，速度为每小时 1022 千米。19：25 提供免费晚餐。米饭、猪肉、切碎的生蔬菜、面包、甜点、冷苹果汁、矿泉水，各一小份。19：35 升到 10000 米以上，机舱外－46℃。19：54，升到 11277 米，机舱外－50℃，速度 1050 千米。已航行 1038 千米。我拿出耳塞塞进耳朵，且用餐巾纸叠成四层，平铺在眼镜上算作眼罩，再戴上眼镜，开始睡觉，迷迷糊糊中不断醒来。

再次提供夜间点心时完全醒来，查看飞行实况，1：45，飞机升到 11100 米，速度每小时 970 千米，机舱外－70℃。2：19，升到11887 米，速度每小时 961 千米，机舱外－72℃，已航行 7200 千米。见到银白色的太阳，似一轮圆月，在广漠无垠的海上升起。"天涯日出如明月", 我想出一句诗。仍戴上自制眼罩, 进入半睡半醒中。
06：15 再次完全醒来, 却发现了一次日落。我想地球若非球体, 即
使我飞行空中, 也根本无法在四小时内看到日出和日落。查看飞行
动态, 发现飞机升到 12496 米, 以每小时 948 千米飞行, 机舱外
－50℃, 已航行 10820 公里。7：00 提供早点, 一份稀饭和一块面
包, 及一些切碎的生蔬菜。7：30 飞机下降到 4218 米, 速度每小时
700 千米, 机舱外－20℃, 剩余距离 55 千米, 飞机继续下降、减速。
在飞机下降减速中, 左耳轻度疼痛发麻, 我用手捂着, 右耳几乎无
痛感。7：43 飞机距离蒙特利尔特鲁多国际机场 5 千米, 高度 175
米。7：44 飞机着陆, 机舱外－8℃。此次飞行总距离 12119 千米。
7：50 飞机在机场跑道滑行。8：00 随着乘客走下飞机。

　　以下改为加拿大蒙特利尔时间, 比北京时间晚 13 小时。

2月28日晚, 蒙特利尔 (Montreal) 晴

　　19：20 跟随人流进入海关, 在机器前打印海关申报单, 主要是
填写国籍及是否携带枪支或其他违禁品。我拿着打印好的海关申报
单找到海关人员, 他问我做什么。我不知道英语怎么说办理通关,
情急之下递上申报单, 他问我来此何干, 我说 I'm a student, I will
study at McGill University。他问我学什么, 我说 I study Chinese
ancient literature。他说他不懂, 又问我导师何人, 我说是 Professor
Fang, and she works at East Asian Literature and Culture
Department, 但是他说他并不知道方教授。于是问我停留多长时间,
我说 three months。他又问我是否购买返程机票, 我就递上行程单。

他看完递给我，这才在海关申报单上签字盖章。冯坚培也已通过海关查验，去楼下拿托运的行李箱。在一个椭圆形的滑动跑道上，所有的行李箱在流水线的跑道上流动着。我看着眼前一个个跑动的行李箱，似乎面孔都相同，我并不能认出自己的行李箱。等到站定三五分钟，终于先找到了小行李箱，又过了几分钟，找到了大的。

之前胥同学帮我们联系了接站的邢先生，邢先生说他在 5 号出口等我们。我和冯寻找 exit5 的时候，有人用中文和我们搭讪，问我们去哪里。我有所警觉当即说我们有朋友来接，他立即走开了。我让冯联系邢先生，报出他的车牌号 H86PVL。于是我们走出 5 号出口，20：10 找到了车牌号为 H86PVL 的轿车。邢先生很年轻，他已在蒙特利尔工作，妻子在此读书，将定居在此。邢先生帮我们把行李箱放进后备厢，就驱车前往蒙特利尔市 Rue Bishop（英语是 Bishop Street，似可意译成"主教街"，只有 0.64 千米长）1181 号。20：30 到达，收费 35 加元（折合人民币 175 元），上次他送胥等三人收费 45 加元，价钱还公道。帮我们取下行李，邢先生即驱车离开。在 1181 号门口，正好有房客进门，我们也随之进去，胜过在门外吃寒气。单元门有两道，第一道不上锁。即使没有房客进出，外人也可进入第一道门，这样就不至于在门外受冻。第二道门需要解锁，门厅墙壁下方壁炉内有火苗闪动，当然不是真的壁炉，只是一个火苗闪动的影像。20：34，我打开移动数据，给胥发微信，请他下楼接我们。我看到他穿着短袖衫下楼，带我们进入电梯，上到五楼，进入 510 室。

胥今天刚刚搬入此房，因前任租客今天才搬离。我立即登录

WiFi 网络，给家人报平安，给师长报平安。租房属于一室一厅的格局，冯提议我睡房间床上，他带来一张充气床，准备在客厅打地铺。胥也说还是他睡沙发，我睡房间床上。于是我就睡房间床。我拿出垫单铺到床上，拿出被套当被子，因为床上除了席梦思床垫，什么都没有。好在这里暖气十足，没有被子毫无关系。

起来去卫生间方便时，见到冯在客厅没有睡着，他说是通风口噪音太大。我于是和他一起把充气床搬进房间内，准备放在大床旁。后来发觉储物柜的空间正好放得下充气床，于是就把充气床铺到地上，他还可以关上储物柜的活动门，这样就没有任何声响。5 点多即使睡不着也仍躺到床上。

2019 年 3 月 1 日　晴

6 点多爬起来，拉开窗帘看室外，屋顶有积雪，窗外是一片工地，有挖掘车在平整地面。阳光干净地照射在房屋外墙上，显得很温暖，实际室外是 $-8℃$。7 点多给方教授写电邮，报告已到达蒙特利尔，请求拜见她。开始看缪钺、叶嘉莹著《灵溪词说正续编》之叶嘉莹所撰"前言"。方教授是叶嘉莹先生在加拿大不列颠哥伦比亚大学（University of British Columbia，简称 UBC）指导的博士，我在麦吉尔大学接受方教授指导，所以我在此地读此书，是很适宜的。8 点多胥醒来，我得知可以下面吃。于是洗了平底不锈钢锅，先用它在电磁炉上烧开水喝，再用它煮面条。煮熟后，三人蘸着前任房客留下的老干妈辣酱吃饱了。因昨晚胥告诉我们房租每月 1400 加元，加上水电估计 1500 加元，所以早晨冯和我每人付给胥 500 加元。

　　略事休息，胥带我们从租房出来，朝右走不到 100 米即是蒙特利尔著名的圣·凯瑟琳大街（Rue Sainte‐Catherine），迎面是一家教堂。沿着凯瑟琳大街往左，走到附近的超市买面条、肉饺、饼干、面包、鸡蛋、包菜、香蕉、橘子、果汁饮料和加工成熟食的片状猪肉。这些食材是从四家超市买来的。名为"盛唐超市"的商家是华人，其实就是一家小卖部。其他几家都是加拿大人开设的较大的商场，总计消费 63 加元，由胥刷卡支付。把面包中夹进肉片在微波炉内加热，果汁也在微波炉内加热，就是可口的午餐。

　　午饭后颇犯困，于是午睡。因为胥说下午 4 点半方老师会有一个讨论会，于是我提醒他若我不能醒来，请他在 4 点之前叫醒我。果然这次睡得特别香，胥四点叫醒我，我仍感到困乏。但是仍爬起来，洗脸后出门，被寒气一刺激，就完全清醒了。走约 20 分钟，到达位于 688 Sherbrooke St West 的麦吉尔大学（McGill University），方老师实际在 East Asian Study Department 任教授，我在海关所说 East Asian Literature and Culture Department 是错误的。上二楼进教室之前，迎面碰上方老师，约 60 多岁，我因为看过照片，当即向她问好并说明身份。方老师表示欢迎，并说她在回复电邮中说让我们提早 15 分钟来，以便办理校园电子信箱。我说我收到她的电邮，但是没有通知我们提早 15 分钟到来。方老师回忆后说她自己弄错了。进入教室坐定，我即拿出从国内带来的一盒"九华佛茶"送给方老师，并略介绍九华山是中国四大佛教名山之一。后来小型会议正式开始。主要用中文，偶尔插进英语单词。跟随方老师做"明清女性文学数据库"项目建设的共有五人，都是华裔（两岸三地都有），都随方老师读书；加上我们华东师大此次参加的五人，一共有十人。方老师此次会议主要是讨论数据库建设中遇到的问题，并商讨解决的办法。比如书籍封面扉页版权页的说明，明末清初和清末民初的具体时间断限。我因为初来乍到，不敢乱插嘴。但是我发现他们讲话都很随意，方老师也非常随和。讨论结束，方老师提示我和冯留下，她帮我们申请麦大的电子信箱。我发现她打字飞快，很快填好信息，然后我们告辞。

因为胥有事先离开，我和冯随后自己走回来。晚上仍下面吃，在面条里加了蘑菇和包菜。由于没有油水，每人加了一块肉片。

胡乱翻书上网，约9点多睡觉。

2019年3月2日　阴

昨晚的睡眠并不沉实，不时醒来。约6点起来，用不锈钢锅烧开水，继续读《灵溪词说》。约7点半，胥醒来，我即用微波炉加热面包夹肉片，并在不锈钢锅里做荷包蛋。

上午补写日记。中午煮面吃。午饭后一觉睡到4点半。

胥提议一起去观看表演。据说今晚是第20届 Montreal En Lumière（蒙特利尔灯光节，有人译成蒙特利尔不眠夜）的最后一晚。蒙城灯光节是大型年度庆典活动，系世界上盛大的冬日活动之一，集艺术、音乐、美食、户外活动于一体，每年约130万人从世界各地赶来参加这场狂欢盛宴，体验蒙特利尔之冬日热情，其口号是 Montreal is cool, not cold。今晚将以 Nuit blanche 狂欢夜把节日推向高潮，晚上5点开始，全市3个活动区将同时举行多场活动，一直持续至明日早上 3 点结束。我们抓紧时间煮面吃面，5 点半在胥带领下朝圣·凯瑟琳西大街（Rue Sainte‑Catherine Ouest）进发，到达其中的一个活动区。这里人头攒动，各种肤色的大人小孩应有尽有。我对放置多处的烤火炉很感兴趣。烤火炉外围用钢管圈隔开，可烤火，亦可烤食物。它不是用木炭或木头燃烧发热，应该是通过电阻丝发出火光，但是做成木炭的模型，远看去就如同木炭在熊熊燃烧。有一个露天戏台正在表演耍火。我们走进附近的伊顿购物中心（Center Eaton），它是蒙城市中心最大的购物中心，上下四层。据说有 170 多家商店、餐饮店，6 家电影院，类似于合肥天鹅湖万达广场这样的休闲饮食娱乐购物中心。其最大特点是与外界隔绝，一进来即享受到暖气，第一层即美食中心。

我望着摩肩接踵的人流，想到中国古代士大夫阶层一定是小范围的、精英化的娱乐，在厅堂看戏（很少去剧院看戏），在书房喝茶（不会到茶馆喝茶），即使是最亲善的官员，也只能是贤太守"与民同乐"，而不是不分太守与市民的"全体狂欢"。另一方面，我想到西方文化刻意追求"尽性""尽兴"，而中国文化则要"克己复礼"。"克己复礼"可以在比喻的意义上来理解，即克服一己之私性，而回复到某种人文化的高度。而西方的"尽性"则是要充分满足个体之私性，"尽兴"则是将这种满足达到极致。所以西方的"尽性""尽兴"必然走向极端，而且是走向两个极端。一方面是追求尽善尽美，所以他们的文学艺术和科学技术可以达到更高和更新的高度；一方面是走向穷奢极欲，所以有吸毒探险自由化性开放之类无所不用其极的尝试。而中国的"克己复礼"则导向中庸，既是对人性本能的一种提升，也是对人性本能的一种压抑。所以中国文化永远体现的是克制之美、内敛之美，而不是张扬之美，要有一种兼具两者之长而又舍弃两者之短的文化该有多好！

后来到附近的艺术博物馆看一场音乐表演，一来人多，二来我被圆柱挡住视线，最主要的是我根本看不懂，于是退了出来。我们三人往回走，先是路经基督教会座堂（Christ Church Cathedral），它是加拿大蒙特利尔的圣公会教堂，圣公会蒙特利尔教区的主教座堂，位于凯瑟琳西大街635号（635 Rue Sainte-Catherine Ouest）。这里正在举行一场演奏会，我们随着人流走进去，今晚免费提供热巧克力等饮料。坐在椅子上听演奏，在演奏结束时随着别人一同鼓掌。出来后走不多远，就是圣·雅各联合教会（St. James United Church），是加拿大最大的卫理公会教堂，位于凯瑟琳西大街463号。我们没进去，仅拍照而已。

2019年3月3日 多云，有时阴

昨晚睡眠仍不正常，10点上床睡到12点多醒来后，即基本时睡时醒，到4点多根本无法再入睡，于是在床上挨到5点多爬起来，洗漱，烧开水，读《灵溪词说》。

早饭后泡茶，补写日记。三人一起，10点出门到超市购买水饺、水果、肉片、面包、牛奶、鸡蛋和蔬菜等，花费66加元，每人22加元，今天由我用万事达卡支付，午饭煮水饺。

饭后午睡两个半小时，醒来补写日记，晚上洗澡沐发。因妹妹休假回家，得以与母亲微信视频，告诉她住房设施和生活情况，请母亲放心，后继续补写日记，终于把最近几天的日记补写得差不离。

2019 年 3 月 4 日　晴

昨晚睡眠亦不佳。10 点上床睡到一点多醒来后，一个多小时基本睡不着，3 点多睡着了到 4 点多醒来，又是一个多小时睡不着，5 点多勉强入睡半小时，于 6 点醒来即起床。洗漱、烧水，读《灵溪词说》。早餐仍用微波炉加热面包，另加一片肉，一杯牛奶。

上午补写日记。10 点多到顶楼（十楼）健身房略微运动。午饭仍吃水饺。午饭后略睡一个小时，2 点多醒来即起身，出门散步。我看阳光正好，想到麦吉尔大学拍照，沿着前几天胥带我们去的路线走了半小时，竟没有找到麦大，在肯尼迪总统大街 137 号发现一座教堂，即福音传教士圣约翰教堂，俗称红房子教堂，成立于 1861 年，现教堂 1878 年建成。后来顺原路返回主教街。阅读《灵溪词说》。

晚上从中国驻蒙特利尔总领事馆（Address：2100 Ste－Catherine West, 8ᵗʰ floor Montréal, Québec H3H 2T3 Canada）查知，蒙特利尔市（特指蒙特利尔市区，不包括蒙特利尔地区其他辖地）面积约 365 平方千米，人口约 178 万（华裔约 7 万），为加拿大人口第二大城市。加拿大全国总共才 3670 万人口。蒙特利尔市地区生产总值（GDP）1300 亿加元（折合人民币 6500 亿元），人均 GDP64000 加元（折合人民币 320000 元）。

顺便指出，中国驻蒙城总领事馆所在的圣·凯瑟琳西大街 2100 号，距离我的住所不太远，H3H 2T3 是邮政编码。

距离 2020 年研究生招考时间也就 9 个月了。请你把最近的考研学习情况较详细地写给我。写它并不仅仅是为了让我了解进展,主要是你自己检视一下,看近期备考有无照计划进行,还需要做哪些调整,自己的不足在何处。说实话,我觉得你目前还处在混沌中,我对你的备考很担忧,但愿我的担忧是多余的。

祝好!

父亲

2019 年 3 月 5 日于加国魁北克省蒙特利尔市主教街 1181 号 510 室

091

爸：

看了你的日记，我觉得出国真的不是一件易事，像你这样经历丰富的成年人都有很多不适之处，更何况那些 20 岁出头甚至年纪更小的学生。去年暑假毛海松来我们家时，他也提到了初到美国时的各种不适，抑郁、失眠、无精打采等等，他也提到很多人甚至第一年就打道回府。我还没有体会过这种生活，希望等到我出国时能避免这些不适吧。

这学期我们的课程基本和上学期保持一致，值得一提的是我们的写作课改名为论文写作，老师也在第一堂课就明确指出本学期的写作课就是为了本科毕业论文而服务的，可以看成是一个学期的论文指导课，而这周老师布置的写作课作业就是挑选两个 topic。英文学院共有如下几个论文方向：文学、语言学、文化、翻译、国别与区域研究。我还是打算从我熟悉的文学方面入手，这个周末正好收集下资料，在知网上看看别人的论文，初步确定下我的论文题目。另外，这学期的翻译课开始学习汉英翻译，这比去年的英汉翻译更难，我也需要认真学习，因为这也是考研专业课必考的内容。

　　这学期刚开始，我就和很多同学交流了关于考研的话题。我发现最明显的一点，就是几乎所有想要考研的同学，都是为了能更好地找到一份好工作。在我看来，考研与否对找到一份好工作并不起着某种决定性的作用。我想考研，是因为我觉得我的基本文化素养还不够让我个人觉得满意，因此我想继续学习，同时也是出于我对文学的喜爱。这学期课程任务量比去年稍大，但是每天还是能有空闲时间看书跑步。之前寒假在家我已经基本把所有专业课本系统地看了一遍，这学期我要开始第二遍精读课本，一边看一边做笔记，同时也准备法语。《英国文学史》我已经看完第一章，正在看第二章，基本能做到一周看完一章。之前寒假在家我看的是《英国文学史》的中文教辅，现在我看英文，把中文教辅放在一边，遇到不懂的对照着看一下，这样这学期《英国文学史》至少能完整精读一遍，如果再有多余的时间我就做些习题。《美国文学史》也是一样，我已经看到一战时期的美国文学。其他的时间我就看看英译的中国散文选，能提高一些翻译的水平，我也有一个本子，记录一些译得比较好的句子。

　　我基本上每天下午去自习室，看书看到晚上 9 点半出来去操场跑跑步，我同学也说我比上学期要瘦一些，给自己定个目标，希望我能在这个学期瘦到 63 公斤。希望你能在加拿大尽快调整好状态，回来之后可以和我仔细说说出国的经历感受，这样我以后出国心里也比较有底。

沈晏齐

2019 年 3 月 9 日

092

晏齐：

你好！

得悉你的学习情形，我想我也不必担忧。我觉得你在按部就班地进行研究生备考，一切皆在进行中。你本学期所开的课程，如论文写作和汉英翻译，其实都跟考研有关，所以考本专业（英语语言文学）的硕士，对你来说还是有学习上的优势。学好所开课程，也就是相应地准备了考试，可收一举两得之效。

至于你同学说考研是为了找更好的工作，我觉得这个想法虽然很现实，也就是说很功利，但不是没有其理由。本科生就业形势极为严峻，你没有这方面的认知，而你的同学虽然想法功利一些，反而说明他们对就业形势有清醒的认知。但是我觉得你的考研目标更理想化一些，也更有价值一些，值得给予更高的评价。综合而言，无论是功利考虑，还是追求理想，都说明考研势在必行。这一点认识必须清楚到位。

我再说一些我来蒙特利尔的感受。这个城市不大，城市地标，即海拔最高的皇家山也不过233米，蒙城规定市内建筑不得超过此高度，所以蒙城的摩天大楼很少。我初来的第一天就发现这里的汽车基本不按喇叭，过马路时都是车让人，即使行人不按红绿灯行走也安然无事，司机会静静等待行人过去。我昨天偶尔路过一处民宅，因为对门饰很好奇就逗留片刻，一辆小轿车停在我身后，等我研究好门饰走开，他的车子才开过来停到门前，我估计他是宅子的主人。即使我挡在他家门前，他也不按喇叭催我走。蒙城交规最重要的一条是任何时候都是行人优先。

其次是这里的学校没有围墙，且校内建筑物各有路牌号，大学的学院或机构零散地分布市内多处，大学图书馆任何市民皆可进去阅览。麦吉尔大学主校园相对集中，我前几天去参观，一进麦大正门，就发现一只小松鼠欢快地在雪堆里钻进钻出，忍不住拍了几张照片。一方湛蓝的天空，一株孤独的大树，一大片厚厚的雪地，一只黑点似的小松鼠，就如同一幅月夜下清冷的画。虽然是上午，拍出来的照片却真像是月夜一般清冷而安静。校园内行人不多，各具特色的建筑物首先引起我的注意，虽然对建筑样式和风格不甚了了，但是我对其多种多样却别有会心，其新建筑如旧，古建筑如今，错落有致，且每一幢建筑都自成一体，分散于校园中，却又和谐无违。我又进入麦大的人文与社科图书馆，图书馆正门入口处墙上有一棵树冠图，除了树干，主要是各种颜色的树叶，树叶上印有名姓，看了说明知悉这是图书馆捐赠者名单，不同颜色的树叶代表着不同的捐款数目，空着的树叶则是为未来的捐款者准备的，而每一名超过100万加元的捐款者名字被分别印在一本本打开的书页上，放置在树根下面。一个捐款名单也能设计得如此精致而有寓意。树冠顶部用英法双语致谢，"麦吉尔大学图书馆致敬捐赠者的慷慨大方"（其英文是：Mcgill University Libraries acknowledge the generosity of our donors.）。

　　蒙特利尔原是法国的殖民地。所以这里的官方语言是法语，凡公共建筑和单位必须标示法语，否则即是违法，英语不标示反而不违法。我发觉许多英语单词和法语单词较为相似。你如果来此，倒是可以用得上所学的法语。此地最大的特点就是自由，法律允许同性恋，也允许公开销售大麻。我昨天经过圣·凯瑟琳大街（蒙城的一条主干道）时，就遇到一溜买大麻的长队，他们有序排队，也不喧哗，跟我们排队买馒头一样平常。大街上时常能见到乞丐，也有流浪汉的破铺盖堆放在大商场屋檐下或地铁口旁。乞丐乞讨的权力和流浪汉流浪的权力也是受保护的，根本不存在城管人员驱赶乞丐或流浪汉的做法。我似乎尚未见到城管人员。

　　照我们所受的教育的思路，政府允许销售大麻类毒品总是不应该的，这正是资本主义腐朽的表现。但是如果加以禁止，那么政府需要加以禁止的就不仅仅是销售大麻一件事，同性恋是不是也要禁止？大街上的乞丐和流浪汉是不是破坏市容市貌？这样就可能从管辖所谓的公共危害一直管辖到私人领地，最终就是所有各种自由的被剥夺。这是从所有个体的自由一方面来看问题。从另一个角度，我认为这体现出权力机关对公民的自我管理能力的信任和自我管理权力的尊重。比如蒙特利尔可以合法销售大麻，也并不是每个人都去买大麻；法律允许同性恋，也没有造成所有人都成为同性恋，对乞丐和流浪汉宽容，也没有鼓励更多的乞丐和流浪汉出现。所以这就明显可见加拿大对人的自我管理能力的信任和自我管理权力的尊重。我们乡下以前有一句俗话，说到对孩子的养育，有散养和圈养之分。

这又回到我上次所说的西方是"尽性""尽兴"，而我们是"克己复礼"。因为散养，所以是尽性尽兴，因为圈养，必然是克己复礼。而且因为圈养，不仅是主观上自我的"克己复礼"，而且客观上被一些条条框框限制而无法尽展其性。其实我的想法仍是"中庸"，我既反对完全的散养，更反对过分的圈养。但是问题在于，圈养的"圈"到底范围多大？散养的"散"到底散到何种程度？如何才是最好的边界，才能达到中庸的最佳状态？这个问题不是一句话能讨论清楚的，我此处也无法展开。

我再解说一下出国的不适。我总体觉得还是可以适应的。我的主要问题分两方面：一是外部交往，主要我的英语听力和口语太糟糕，所以心理上有挫败感；二是体内时差，主要是我好多天不能倒时差，所以感到没有休息好。我觉得这两点对你们年轻人来说反而不成为问题。我相信你经过四年专业英语学习，普通的英语交往不会有任何问题；另外我本来睡眠就不好，在国内就保持着微妙的睡眠和失眠的平衡，对你们年轻人来说，睡不着不是问题，睡不够才是问题。当然出国后，离开熟悉的环境，心理上出现偏差，身体上出现不适，都是正常的；那些在国外待久的人，回国反而就不适应了。我就觉得这里的空气真好，天空真蓝，牛肉真好吃。

我想你现在的主要任务是学好功课，全力以赴备考，挤时间锻炼身体，体重按你所说减轻到 63 千克以下。有些与此阶段主要任务不相干的事情就可以舍弃不做，否则，你会觉得时间不够用，有舍才有得。

祝一切如愿！

父亲

2019 年 3 月 9 日于蒙特利尔市主教街 1181 号 510 室

093

爸：

　　这次我想谈谈我们这学期的选修课程。这学期我选了四门选修课，分别是技术写作、英语短篇小说、西方文化名著导读和英国文学选读。其中技术写作课是教我们如何在电脑上制作或者写出求职信、邀请函、推荐信之类的应用文，剩下的课程则都和文学有关。

　　在英语短篇小说课上，我们首先学习的是 Allan Poe 的 *The Cask of Amontillado*，中文译名是《一桶白葡萄酒》，老师让我们提前阅读这部短篇小说，随后又给我们发了一篇分析该小说的论文。我们被要求阅读完小说和论文后写一篇 200 字的读后感，这不是什么太困难的工作，同时我也从论文中更加深入地了解了爱伦·坡这位伟大的作家，对我的学习大有裨益。

　　西方文化名著导读是由我们的院长南健翀老师开设的，他的课在全西安外国语大学都很闻名，每次他的 200 人课堂总是座无虚席，甚至还有别的慕名而来的听课学生。南老师首先给我们讲了苏格拉底的哲学思想，并安排了一位同学上台做 presentation 来向我们展示他的学习心得。我觉得如果你能上台去讲，应该能取得至少和他一样的效果，只要肚子里真的有货，再稍微搭配上一些讲课的技巧，就一定能吸引到学生用心去听课。

在英国文学选读课程上，老师给我们布置的第一份作业是阅读 E. M. Forster 的 *A Passage To India* （中译名《印度之行》），该书讲述了殖民地时期两位英国女士去印度游历发生的故事，这部小说被拍成了电影，取得了很棒的效果。这部小说很长，我来不及仔细看完，不过老师帮我们标明了一些人物矛盾冲突和性格特征表现的段落，在课堂上也带领我们大致阅读了一遍。到下周就会有三名同学上台与我们分享他们的阅读心得。我们小组安排在第六周上台做 presentation，我还是很希望能在大家面前做好这次 presentation 的。

这周的论文写作课上，我们给老师交的作业是两个自拟的论文题。老师在上周已经教过我们如何定好论文方向和话题，并要求我们自己拟两个题目。我选择的是文学方向，第一个题目是 the Comparison of Tough Guys Between　the *Old Man and the Sea* and *Love of Life* under the Romantic Perspective，大概就是在浪漫主义视角下对《老人与海》和《热爱生命》中的硬汉形象进行比较；第二个是 the Analysis of Mollie's Reactionary Behaviour in *Animal Farm* under the Class History，大意是用阶级史观看待《动物庄园》里茉莉（爱慕虚荣好吃懒做的那匹母马）的反动行为。选择这两个题目是因为我对这几本小说都很熟悉，我也在知网上搜索浏览了很多本科和硕博论文，大概看了看他们的题目。老师在课堂上说，论文题不宜过大，也不能过于狭隘，同时还得和你的本专业有密切联系。她提到一个例子，说前几年有个学生写的论文是关于日本的茶文化，论文内容很出色，但最后没有通过，因为审核老师觉得他的论文内容和英文学院的教学目标方向没有什么联系！这是我拟的两个题目，当然老师说了这并不最终确定你的毕业论文就是这个，我希望你能对我的选题提一些看法，或是给我一些更好的选题方向建议。

希望你在加拿大过得愉快！

沈晏齐

2019 年 3 月 17 日

094

晏齐:

你好!

Allan Poe 的 *The Cask of Amontillado*，我以前没读过，这次特意读了一下。坡是个天才型作家，他的小说和诗歌都别树一帜，他的开创性是无与伦比的。也就是说，他的作品启发了后来众多的作家，他无形中成为被模仿者和许多作家的老师。有人说，王尔德的《道连·格雷的画像》的灵感得自坡的《椭圆形画像》和《威廉·威尔逊》；而《威廉·威尔逊》中的人格分裂症，则成为好莱坞大片钟爱的情节。坡的侦探故事也启发了柯南道尔创作《福尔摩斯探案集》。据说金庸的小说《连城诀》里把尸体砌进墙中也可能袭取了坡的《黑猫》。我觉得在诡异性方面，只有美国作家纳撒尼尔·霍桑与爱伦·坡可谓一时之"瑜亮"（周瑜和诸葛亮，"瑜亮"指不相上下），后来博尔赫斯的短篇侦探小说才算真正青出于蓝而胜于蓝。博尔赫斯有一篇小说，写一个侦探被杀人犯设计而被杀死，我忘记篇名了。而在短篇小说的恐怖性方面，也许只有威廉·福克纳的《纪念艾米丽小姐的一朵玫瑰花》可以与坡的《一桶白葡萄酒》相提并论。我必须提醒一句，阅读真正的文学作品，不能抱着像阅读一个故事的那种心态。《一桶白葡萄酒》不是一个可以理性解读的故事，它不需要符合逻辑，也不可能提供标准答案。这是文学与故事的区别。另外必须阅读英文原著，才能更好地体会坡的精微奥妙，看中译本会大为逊色。你的 200字（我觉得可以写长一些）读后感，稍后也发给我看看。

我常觉得你的英文原著阅读量小了。现在既然老师布置阅读E. M. Forster 的 *A Passage To India*，我觉得是一件好事。还是要全书读完，即使有些单词不认识，有些段落不理解也没有关系，哪怕仅仅关注到好看的故事情节，也是一个收获。这看似与我上面所说读文学与读故事的心态应该不一样的观点相冲突。其实我是想讲两个方面的看法。我上面的看法是从文学本位出发提升文学鉴赏力。我这里讲的是通过快速阅读提高英语阅读能力。一个是注重培养文学思维，一个是注重加强阅读能力。Forster 的《小说面面观》是一部小说理论经典论著，他可谓创作和研究左右开弓的作家兼学者。这些平时的阅读也有利于你增强语感，积累词汇量，为考研助力。

关于你的两个论文选题，我的看法是，比较《老人与海》和《热爱生命》的硬汉形象，这个题目写的人非常多，你能否写出新意。你提出的"浪漫主义视角下"，也许倒是一个有新意的视角。你说用"阶级史观"审视《动物庄园》里母马茉莉，这个论题的新意在于你如何运用"阶级史观"。所以你这两个论题新意在于一则是"浪漫主义视角"，一则是"阶级史观"，就看你怎么把握这两者。但是这两个视角都比较大，就看你如何驾驭。把这个大的视角与小的作品相勾连，且结合得到位。我觉得我驾驭不了这两个大的视角。

　　相对于你这两个论题，我倒是更倾向于你之前阅读《老人与海》时提出的一个想法，就是小说中老人与孩子的关系，不仅老人教育孩子，而且孩子也帮助老人，这个角度可能是比较新颖的，就我阅读所及，好像还没有这方面的论文。当然我也好久没有阅读这方面的论文了。我建议你搜一下知网，找一找《老人与海》的研究论文，看有没有人从这个角度论述《老人与海》。如果有，看人家怎么写的，还有没有继续论证的余地；如果没有，恭喜你，这是一个有新意的提法，值得你深挖下去。我们经常说论文要创新，其实哪有那么多"新"可"创"，能在前人基础上，推进一小步，就是很大的创新。做学生的可能不知道自己有了"新意"，这时候就需要老师的点拨和指导了。老师不可能把"新意"给学生的，要知道老师发现一个"新意"也是非常困难的。你可以再阅读一遍《老人与海》，就从孩子与老人的关系角度着手，看看有无新收获，能否写成一篇论文。如果不够，就考虑其他国别有无类似的老人与孩子在情感上、生活上相助的文学作品，这样加以比较，就是一篇像样的比较文学论文了。这个问题留待你自己决断。

　　我在这边生活已走上正轨，也在大街小巷多处看看。我曾说"访学"就是在"参访中学习"，对"梦吹耳"（我对 Montreal 的音译）风土人情的了解是学习，在麦吉尔大学图书馆里看书也是学习。我想你将来如到这里留学倒挺好，因为这里是法语英语双语区，你学到的法语会派上用场。我就注意到了法语和英语有好多单词是相似的。随着春风吹拂古城，我想你还是要多增加户外运动，莫辜负了三春杨柳的嫩黄和百花的春心。

父亲

2019 年 3 月 17 日加国魁省梦城主教街 1181 号 510 室

095

爸：

　　上周我们的写作课停上一次，老师让我们去搜集和自己论文题有关的资料，并在明天课上给我们分析每个人论文选题的优缺点。我这周也查了下资料，似乎也没有发现有哪篇学术论文运用了我提到的《老人与海》中孩子对老人起到的鼓励和推动视角。我觉得这是一个很有新意的题目，是可以作为一个学术论文写下去的，我打算明天上课和老师沟通一下。另外，我们学院开设了论文写作指导办公室，需要提前预约，我也可以找时间去那里咨询一下。其实到了真正开始动笔写论文的时候，我才发现我读过的英文书真的很少，也就是可供写作的素材非常少。即便我们在过去的三年学了不少英文作品，只是老师说我们应该避免以学习过的作品作为论文主题，因为写的人实在太多了。例如大一学习的《简·爱》、大二学习的《了不起的盖茨比》，当初几乎都是老师一句一句带着我们在课堂上分析过，大家自然最熟悉，但是老师劝我们不要以此为题。这时候就非常考验每位同学的课外阅读积累了。

　　下周开始我们即将在选修课上学习伍尔芙的《到灯塔去》，我正在看这本书。但是说实话，这本书我很难看懂，也不太容易看进去。我不太喜欢这些比较新颖的写作手法和风格，与此同时我也能感觉到，像早期浪漫主义和现实主义的作家在当代越来越少了。歌德、雪莱、屠格涅夫、托尔斯泰一类的作家风格我很喜欢，至于像伍尔夫、乔伊斯、萨特之类的作家风格我就不太喜欢。当然也有一些现代主义作家例如波德莱尔、卡夫卡等人的作品我也很喜欢阅读，但是我却总有一种别扭感，认为他们的作品有些偏离了我所理解的"文学"的范畴，可以说我在文学品位上算是一个"保守派"吧！下下周，我们小组就要在课堂上做 presentation 来与老师同学们分享读《到灯塔去》的感受，直到现在我们小组的人还是一筹莫展，因为没人敢说自己读懂了这部小说，但好在老师会先给我们讲一讲书的内容，这样到下下周我们做展示也就更有把握。另外，我把我之前提到的老师布置的续写 *The Lady or the Tiger* 的结尾也放在本次信件的末尾给你看下。

我们宿舍的两位同学打算去考雅思，他们一位要去香港，还有一位要去英国，但是前提都是雅思得考到 7 分才行。他们选择的都是留学一年，时间也没有浪费，是个不错的选择。有时候听他们聊这些事，我感觉自己做的工作还是太少了，他们都是自己在网络上找相关资料，自己去报名雅思补课班，我在考研的路上自己却基本没有出什么力，主动积极性和别人比差了一大截。最近关于将来人生方向的话题在宿舍里被讨论得越来越多，和大一大二那时的轻松比起来相差甚远。我们室友间也互相祝福，希望大家最后都能有个好结果。

沈晏齐

2019 年 3 月 28 日

096

晏齐：

你好！

关于从孩子对老人所起到的鼓励和推动作用来探究《老人与海》，等你和老师商议后再把情形告诉我。发现一个有新意的想法，到把它写成有创意的论文，这中间还有许多求证、加强、深化的工作，还必须反复阅读文本本身，还有许多细事要做。另外就是我之前说的，你的阅读量，或者说你的同学的阅读量，都太少。所以写论文时，就捉襟见肘、左支右绌。这也是以前我比喻过的，平时没有存款，到用钱时，哪里拿得出钞票呢！我记得 20 年前我参加自学考试时，对于中国古代文学作品选、中国文学史、外国文学史，我基本不太看指定的考试教材，几乎是去裸考，却也能顺利通过。其原因就在于我阅读了大量的古今中外文学作品，应对考试绰绰有余。好多人都说自学考试很难，我却觉得很轻松，原因就在于我之前已有大量文学作品阅读打底子。我当时不明白别人为何说难考。现在我知道了，因为他们基本没有阅读量，靠死记硬背指定教材的纲要，当然难考了。我觉得你们这一代大学生，文学阅读量太小太窄。所以你要想脱颖而出，就必须大量阅读。

谈到对外国现当代文学作品的理解，可能很多人都有你一样的文学品位，即文学鉴赏上的相对的"保守派"。解释这个问题，我想从两个方面展开。

首先我们知道，文学一开始并不是一种专门的技巧能力，它是出于人自身表达情感的需要，所以最早的文学作品，都是直抒胸臆的。这也就是为什么几千年后，古老的《诗经》还能打动人。我们今天所总结的那些《诗经》的写作技巧，对写作《诗经》的作者来说，根本就是无意识的。或者说，那些无名作者并不知道自己具有哪些技巧。他们就是有情感需要表达，于是就表达出来了。表达得很差的，就被孔子删除了；表达得很好的，就被孔子选中了。所以我们常说，直抒胸臆的文学作品，最容易打动人，最具有兴发感动的力量。所以许多人终生只会阅读那些直接抒发情感的作品，直接讲述故事的作品，这也就是许多人在文学鉴赏品位上相对保守的原因。但是文学作为一门艺术，它要发展，必然会变得更精巧复杂。人们常说，唐诗风华流美，宋诗筋思深刻。宋人再像唐人那样写诗，写得再好也只能是唐人的模仿者，我们顶多说模仿得一样好。所以论到对生活的深度认识而言，宋诗是要超过唐诗的；但是谈到一般人对诗歌的喜爱，明显是宋诗不如唐诗流传得广。再比如在反映生活的广度和深度方面，新体诗是要明显高于旧体诗的。但是我们可能会背诵旧体诗，却很少有人会背诵新体诗。文学发展到一定阶段，它肯定是要超越最初的直抒胸臆的阶段，而达到一个构思艰深的阶段。这就必然造成理解文学作品的难度，也是一般人无法深入下去的原因。

其次，新的写作内容也要求有新的文学形式来表达。我所说的新的写作内容，既跟时代的发展有关，也跟人的思想认识有关，尤其是每个人思想的深浅度不可能一致。每个人对生活的认识，对社会的体察，对命运的理解，更不可能一致。文学作品是作者对生命的体悟，它一定是带着作者个人的印记的。有的人生活在21世纪，可是他对生活的理解，对社会的认识，对生命的思考，还停留在20世纪或者19世纪；也就是说，即使他活在现代，可是他的见识还停留在传统阶段，那么他如果作为作者，所写出的作品必然是保守派的，作为读者，他的鉴赏品位也必然是保守派的。不是说保守派不好，这不存在好不好的问题。田园牧歌的时代是美好的，但是今天已不是田园牧歌的时代，文学作品当然可以歌唱田园牧歌，但却不能再自欺欺人；乡愁是美丽的，但是今天的乡愁更多的是精神上的而非地理上的，每个人的故乡早已面目全非。明明所反映的内容已改变了，怎么可能还用同样的表达方式呢？而且真正的作家都是"提前鸣叫的公鸡"，他们对社会、对人生、对世界的感悟和理解绝对是超前的，他们的作品有些要到很长时间以后才被人认识。比如波德莱尔，比如卡夫卡，在当初刚进入文坛时，有几个人能认识他们的价值呢？我常说卡夫卡是现代文学之父，他死于1924年，那时候多少人的文学鉴赏能力还不足以认识卡夫卡的文学价值。原因就在于许多人还没有认识到生活使人异化的问题，一个人对生活没有这个认识高度，怎么可能理解卡夫卡的文学？但是经过将近一个世纪的理解加深，我们现代人自己也切切实实体会到卡夫卡的那一份异化的痛苦，我们当然就会深深理解卡夫卡的深刻和悲哀。我觉得乔伊斯、萨特还不算难理解的，而葡萄牙作家萨拉瓦戈（就是《失明症漫记》的作者）对社会和人性的洞察比许多作家又超前一步，所以要想理解萨拉瓦戈，你就得把自己提升到他的境界。

我刚才说了，文学作品是必然带着作者个人的印记的。你对弗吉尼亚·伍尔夫个人生活和思想感情毫无了解，对意识流文学技巧的产生及其时代背景一无所知，你怎么可能真正理解她所写？我前几天刚看到一篇文章，作者说他原先读不下去伍尔夫的作品。但是这次他读完《弗吉尼亚·伍尔夫传》（昆汀·贝尔著，萧易译，广西师范大学出版社 2018 年 10 月版，我特意标出这本书的出版信息，如果你有兴趣，可以去查找），又重新来读伍尔夫的小说，似乎就对伍尔夫有所会心了。由此我们知道，了解和理解一个作家，其实是并不容易的。你得了解作家的生活环境，志趣爱好，人生经历，时代风尚，尤其是这些对他思想的影响及其形成，然后你才可能读懂他的作品。我觉得你们读不懂伍尔夫是正常的，读得懂倒是奇怪的。打个比方，《红楼梦》里焦大怎么可能理解林妹妹呢？人的生活阅历和社会阶层的差异必然造成隔阂。但是我们阅读文学作品，就是试图打破这个隔阂。我觉得我既理解焦大，又理解林妹妹，而且我认为是曹雪芹帮我加深了这个理解，这就是我们读文学作品的意义所在。阅读文学作品，就是要培养我们感受美的能力，追求爱的能力，理解人和世界的能力，否则我们为什么要读文学作品呢？

The Lady or the Tiger 其实提出了一个人言言殊的话题。我认为它是一个文学作品的理由就在于它提出了问题，但是没有提供答案。

如果是一个讲故事的人，他肯定会把这个故事的结果说出来，肯定要说出年轻人是死是活，公主是悲哀还是欢乐，而现在作者 Frank R. Stockton 并没有给出结果。如果按照你的观点，我们也可以说，给出故事结局的写法也就是传统的（或者说保守的），而没有给出结果的写法则是现代的。比如从你祖母这个认知角度来说，她肯定认为没有给出结局的故事是不完整的，像作者这种写法肯定是不被理解的。你能理解作者为什么不给出结局，但是你不会认为这篇小说是现代的。由此我们也可认识到所谓的保守和激进，传统和现代，都是相对的，不仅跟时代有关，也跟每个人的认知有关。你对 *The Lady or the Tiger* 结尾的续写，展现出较好的描写能力，其中每个人都显得活灵活现。我觉得这跟你读过一些文学作品有关，知道怎么去描写。从这个角度来说，可以得较高的分数。但若我是老师，我会判你低分。既然是续写，小说原文中明明写道：Without the slightest hesitation, he went to the door on the right, and opened it. 那我们就知道，打开右边的门是必须的。你只能续写年轻人打开右边的门以后的事情，而不能改变原文的细节，让他转身打开左边的门。我不知道是要"续写"还是"改写"。审清题目要求是非常重要的。

　　你说你在考研这件事情上，没有表现出多少主动性，这是因为你的父亲做了前期的调研工作。有些家长可能也愿意给孩子以帮助，但是他们不具备帮助孩子查找考研资料和购买考研书籍的能力，那么孩子自己就得在这方面主动去做。你的父亲有这个能力，所以他就去做了，而且他也只能在这些方面给你帮助。如果他没有这个能力，我相信你自己也得主动去做，所以你不必为此自责，而其他人的父母亲可能会给自己的孩子以其他形式的帮助。这就是我所说的每个人的形成，必将打下他家庭的烙印。考研后期的事情，就靠你自己了，而且后期的学习备考，是更艰巨的。

　　锻炼身体，认真读书，学习思考，养成这些习惯就好了。

父亲

2019 年 3 月 28 日于梦城

097

爸：

清明节第一天，我的高中同桌陈延从北京来西安旅游，他下午 1 点 40 左右到，我 5 点出门，6 点 10 分左右和他在回民街见面。我请他吃了回民街的羊肉泡馍，然后在鼓楼逛了一会儿，我在 9 点半左右回到宿舍。由于清明小长假，回民街人山人海，我们几乎寸步难行，被人流推着走来走去。陈延已经在今天下午回到了北京，他也邀请我下次有空去北京玩，到时候他负责接待。有趣的是，外婆对这件事看得十分重，多次叮嘱妈妈给我多转点钱，并在电话里说要我好好接待，不能怠慢了同学，吃的玩的都要安排好。这次我也的确注意了这些事情，提前做了一些准备，这些也是我将来走上社会必不可少的经验吧。

下周四我们小组即将上台分享我们阅读《到灯塔去》的读书报告。我打算将重点放在女性主义上，分析伍尔芙在书中所表现的女性主义观点。对于这次 presentation 我说实话没什么信心，我就规规矩矩说一些自己的观点，查查别人的文献，做好自己的部分就 OK 了。看你之前写给我的信我也认识到了，时代总是在不断进步的，写作方法和手段也需要更新。只要能深刻地反映出人性的作品都是优秀的作品。虽然我可能一时难以接受和理解意识流的写作手法，未来或许我也有可能用这种方法进行写作。现在提前多了解一些新鲜的风格与手法并不是什么坏事。

　　天气逐渐转暖，西安这边中午的时候可以达到将近30度，但是早晚又只有10度左右，很多同学都得了感冒。我幸好没生病，但是有些花粉过敏，鼻子很痒，在宿舍涂了一点风油精之后稍微好些，希望你在加拿大能过得愉快！

沈晏齐

2019 年 4 月 7 日

098

晏齐：

你好！

想不到我们的电邮通信快到 100 次了。许多事情只有坚持做下去，我们才会慢慢认识到其价值。我们互通电邮，我不知道你有何收获；我觉得它起到了促使我思考的作用，这即是我的收获。

分析《到灯塔去》的女性主义观点，也不失为一个中规中矩的办法，在你们目前的阶段，要你们就《到灯塔去》谈一些真知灼见，也的确是勉为其难，或者根本就是无法办到的事。但是通过理解掌握别人的观点，再用自己的话表达出来，这也是一种学习，而且是非常必要的学习。我认为要多学习不同的观点，甚至是对立的观点，必须扩大自己的感受力、领悟力和理解力范围。

前不久读到一篇谈大学教育的文章。该文引述斯坦福大学学者 Carol Dweck 的研究成果，指出智力分成两种类型，一种是固定性（Fixed mindset or entity theory），一种是成长性（Growth mindset or incremental theory）。两种类型的人对于失败的反应，前者是"无助"（helpless），后者是"征服导向"（mastery - oriented）。与之相适应，

"无助"型追求表现性的目标，看重外在的评价，对智力持固定性和实存理论，而"征服导向"型追求的是学习性的目标，以增加自身竞争力为目的，对智力持成长性和增长理论。不言而喻，拥有成长性思维的人比倾向固定性思维的人在学业上更有创造性。

　　我引述这个理论，是想说明，固定性思维的人，其实是故步自封的人，他们固守着原有的知识结构和知识体系，不知道天外有天，地球系之外有太阳系，太阳系之外有银河系，宇宙之外有更大的宇宙。而具有成长性思维的人，则不断突破已有的知识领域，也不断突破已有的美学规范，从而不断扩大自己的知识视野，绝不让某种思想观点支配自己，亦即绝不定于一尊，而是追求更大更多的可能性。所以有些大学生甚至认为自己高中时所学是绝对正确的，反而认为大学老师的一些与高中所学知识相冲突的说法是错误的，可见他们的知识体系如何狭窄如何偏激。我现在越来越认识到，大学教育是通识教育，切不可居于一隅，要为自己未来无限的可能性提供一个坚实的基础。教育就是帮助学生形成"成长性"思维，而避免形成"固定性"思维。所以你千万不要认为自己的美学趣味已定型了。我这个说法，你可能还不大理解其中的深意。不过不要紧，我到现在也还在摸索。我觉得我是在"放养"当中倾向于"成长性"思维的。如果我是一个故步自封的人，我也不会在50岁读博士了。

　　我这次有机会出国"访学"，也许并不能增加我多少学问，但却可以提供一个让我审视自己原有学问的角度；对同样的学问用不同的角度来审视，这其实就已经增加了学问。其前提必须是抛弃"固定性"思维模式，否则会一无所得。我在生活中遇见很多人，他们固守着"固定性"思维却不自知，这是最可怕的事。明知他们不应该如此，却无法帮他们改变。我希望你在青年时期，有意识地培养自己的"成长性"思维，这必将令你受益终生。人必以今日之我更新昨日之我，此即是"苟日新，又日新，日日新"！

祝你日新其德！

父亲
2019 年 4 月 8 日晚上 10 点 15 分于梦城

099

爸：

　　昨晚我正在忙着做一个关于狄更斯的 *A Wicked Boy* 读书报告，因此没有来得及回信。这是一篇很短的小故事，大概讲了两个热恋中的年轻人接吻被一个淘气的小男孩看到，他威胁要去向父母告发这件事，并不断要求这对情侣给自己提供"封口费"。最后这对恋人终于得到父母的准许，光明正大地在一起，也就乘机揪着小男孩的耳朵好好发泄了一通怨气。故事总体基调是很轻松俏皮的，最后的结局算是"大快人心"，老师对我们也没有什么要求，简单复述下这个故事，并谈谈自己的见解就好。然而，即使是这样一个看起来简单的小故事，我仍然能从某些字句中感受到作者的深意。例如课后思考题就明确提到，"Happiness usually carries a poison in itself, or else is poisoned by something from the outside."（paragraph 5），so what may be the poison in the story? 对这对倒霉的情侣来说，小男孩无疑扮演了这个 "poisoner" 的角色。可能这也是作者在向我们发出的某种警醒吧。

　　关于上周的 *To the Lighthouse* 的 PPT 制作过程，着实花费了我不少心血。首先，在大约两周前，我已经开始在手机上用电子书阅读原著，每天磕磕巴巴看一点，算是有个大致的了解。算上我在内，我们小组共有四人，我们也在一起讨论交流过，结论就是我们都看不懂这本小说，因此我们在上台展示时将只挑自己理解最深刻的一部分讲，不与他人有交集，以免出现理解上的冲突。这样，我们其实就是各讲各的，看起来几乎不像是一个团队了，但这也是无奈之举。随后，我们各自挑选了一个自己有把握的话题。一人选择了讲解 Lily 的心路历程，一人选择讲解生命观，还有一人讲解小说中出现的象征手法，我则选择了女性主义这个切入点。

确定好大方向之后，我就开始找资料了。我在知网上输入 *To the Lighthouse* 之后，立刻就出现了"女性主义"的字样紧跟其后，这着实令我激动，因为看来有很多人都已经研究过这方面的问题。点进去之后，果然看到不少硕博论文，包括期刊上的文章，都对女性主义大谈特谈。我于是想到要把搜索目标放小一点，于是就有了把主要分析对象放在 Mrs. Ramsay 和 Lily 这两个女主角上。我在女性主义后面又分别加上了两位女主角的名字，果然出来的文章就很少了，而且讲的都很精炼，都是我需要的。这其中绝大部分的文章都是中文，因此我要将需要的材料译成英文之后再放到 PPT 上。这其中，我就看到了有篇文章谈到关于两性和谐的话题，这不禁让我眼前一亮。这位作者也是从两位女性角色出发，在分析了两人的不同性格特点后，得出结论是女性应该同时向这两位学习，女性在尊重自己时也该尊重男性，两性和谐相处互不歧视才应该是女性主义的终极目标。这个观点给我很大启发，因为我之前从未这样考虑过，我就把它加入我的 PPT 的末尾作为我观点的升华。

　　我的 PPT 制作过程大致就是这样，虽然很辛苦又花时间，但我觉得我还是学到了不少东西，我也对伍尔芙这个作家和她所代表的意识流写法有了新的认识，收获还是蛮大的。祝你也能在学习中不断有新发现！

沈晏齐
2019 年 4 月 15 日

100

晏齐：

你好！

英国作家中，我对狄更斯并不熟悉。他基本上应是你所谓的传统型作家。"幸福自身通常带有毒性或者被外物所毒害。"任何一个严肃的作家，都肯定会对生活提出自己的观察和思考。我现在特别看重这种思考。我对一个只会讲故事或者在故事中传布一些人云亦云的教训的作家非常看不起。

关于你做弗吉尼亚·伍尔夫的《到灯塔去》PPT 中的情景和从中得到的收获，我要向你祝贺。我感兴趣的是你收集材料并形成观点的过程，我觉得你在这方面还是有天分的。也就是说你晓得怎么去做，似乎天生就会。

学术研究中有一个叫作学术史的研究。就是对某一个课题，已经有了不少前人的研究成果，那我们从历史的角度，对这些研究成果加以分析归纳，而总结评判研究中已取得的成果，对今后的研究方向提出建议，这就是学术史研究。比如我们可以取一个题目《中国的伍尔夫研究》，那我们就要查找资料，从伍尔夫的作品第一次被译成中文、有人第一次用中文讨论伍尔夫和其作品开始，一直把所有研究伍尔夫的中文资料收集起来，再对其加以分门别类地分析归纳，从而论断伍尔夫在中国的研究状况、进展和前景。这个简单一点我们也把它叫作"研究综述"，就是对已有的研究成果加以综合论述。其实你就是对《到灯塔去》有关"女性主义"的研究做了一个很好的"研究综述"。

你的几个同学各有侧重，正好说明《到灯塔去》具有多义性。我把一部作品是否具有多义性，看作评判一部作品是否成功的重要标志。我觉得文学从本质上来说，就是要提供超出于生活之外的多义性。如果一部作品仅仅满足于反映生活，且仅仅提供一个人云亦云的对生活的认知，那么这样的作品是浅薄的，亦即我在开始所说，我是瞧不起这样的作家的。我现在尤其认识到多元化的重要性。我以前常说，要丰富而不要简单。一个人的生命是如此，一部作品的内涵是如此，一个社会的文化也是如此。定于一尊，归于一极是极糟糕的事。

回到对《到灯塔去》的理解上来，我觉得你在阅读多篇评论文章后，还要回到小说本身，要一一印证这些观点，是否来源于小说本身；还要反问自己，为何这些可印证的要素自己以前阅读时没有注意到。这当然要花费时间。但是如果我们能对一部作品花一些时间深入吃透，就会养成一种阅读鉴赏的能力，就能在下次阅读其他作品时，很快把握其特征并提炼出自己的观点。所以我认为，阅读别人对某一部作品的评论文章，是帮助自己理解该作品，也是帮助自己养成鉴赏文学作品的能力、提高阅读理解的技巧。你在概括别人观点、抓住研究要点方面，有一定能力。不要浪费自己的能力，要想法子扩大它。发现自己的长处，并扩大自己的长处，这是大学本科教育最需要做的事。

我上次曾谈到，通过这次做《到灯塔去》presentation 的 PPT，可以使你很好地提高对作家和作品的认识，这对你研究生备考也有好处。我相信你能把两者兼顾起来。一边学习功课，一边准备考研，两者互相促进。也许我是杞人忧天，我发觉名校考研的难度逐年加大，今年的研究生招生调剂也变得极为困难。我希望你要做好挑战自我的准备。

我这一周挺忙。胡老师让我负责牵头编写的一本书已完稿，我需要对其他人所写的内容加以校订统稿，明后天可以完成，据说今年 6 月份出版。我还是在和书打交道，不过，从编辑变成了作者，完成书稿后就能有时间写自己想写的文章。

希望我们都能在读书思考上有新发现、新收获！

父亲
2019 年 4 月 15 日梦城主教街

后　记

可叹求学路，可怜父母心 | 沈喜阳

　　当我敲下"后记"二字时，我是在儿子租住的房间里。为了备战研究生考试，他从西安外国语大学学生宿舍搬出来，在校外不远的一家小宾馆里租了一间客房。租金倒不贵，每月450元；时间也不长，从今年9月到12月。他虽然说一个人住很好，我到底不放心，趁着手头的读书写作告一段落，特意乘火车从上海赶到西安来看他。临行前我和妻子商议过暂时不对他提起，到达西安外国语大学长安校区时，我才跟他联系。我是想给他一个意外的惊喜。果然他很兴奋地告诉我，说他的同学很羡慕他，老爸大老远专门跑来看他。

　　可能世界上没有第二个国家的家长像中国的家长这样专业。我特意用"专业"这个词，来强调中国家长的"敬业"程度。只要稍有表达能力，貌似每一个家长都能对教育侃侃而谈，都能对自己孩子的成长提出独到见解。可怜天下父母心。我觉得天下父母心确实可怜，很多时候是操碎了心得不偿失，有些时候甚至是操反了心事与愿违。得不偿失无所谓，事与愿违最可哀。像我儿子这个年龄段的孩子，绝大多数是独生子女，父母亲的心力都倾注到唯一的孩子身上。我常想，爱真的是有重量的。父母亲过分关注而不留给孩子成长的空间，父母亲把自己没有实现的愿望投射到孩子身上，再裹上"爱"的外衣，甚至有可能把孩子压垮。这种"压垮"，恰恰是只有"专业"且"敬业"的家长才能做到的。

在我自己的体验中，我其实一直是战战兢兢的，就是到底该怎么关爱儿子、给儿子多大压力，我确实心中没有底。我当然不愿施加过多压力把儿子压垮，我更不愿意看着儿子没有承受适当的压力而空耗自己的一份生命，所以我一直在试探。人们常说，跟子女一同成长是最美好的事情，可是怎么才能做到跟子女一同成长呢？我认为最重要的是理解子女。在理解的基础上，给予孩子应有的压力和动力，陪伴着他们走向成长，以他们自己生命能够具有的形式绽放，这确实是一件美好的事情。谁能预先知道自己能做成什么成就呢？谁能预先知道自己能达到何种高度呢？我们对自己尚且不能预先知道，我们对子女就更无法预先知道。所以我到现在还只能说是试探，不断测试并探测儿子究竟能承担多大压力，可能更喜欢做什么，并且能够做成什么，因为"喜欢"和"能够"是两回事。

为了加强与儿子的相互理解和沟通，从儿子到西安读大学起，我就采取了与儿子互写电子邮件的形式。可能一开始是我主动写得多，后来儿子渐渐习惯了，他也会主动给我写。由于我们父子交流以英文相关专业学习为主，为了文气和语义通畅，有些单词或段落或篇章的英文，就没有翻译成中文。由于手机和微信的广泛应用，写电子邮件似乎是很久远的事情了。我认为微信语音和视频的方便快捷绝不能取代电子邮件的写作。电子邮件是要"写"的，语音和视频仅仅是"说"的。我认为"写"对人的思维能力的训练要远远大于"说"。能"说"的人不叫文盲，只有不能"写"的人才叫文盲。我的本来意思是，既然儿子所学是英语语言文学，我不希望他荒废了中文的书面表达。所以通过互通电邮，在无形中培养和训练儿子的中文书面表达能力。既然要"写"，就要静下心来思考，就要考虑如何措辞，就不能像"说"一样想到哪说到哪；一个附加的好处是，"写"下来的就可以保存。我相信很多家长在子女读大学期间都与儿女有交流和沟通，但因为都是说得多而写得少甚至根本没有写，所以没有保留下任何的交流和沟通的书面痕迹。

我和儿子互通电邮的主要内容就是儿子有欢乐会与我分享，有疑惑会向我求教。我大多数时候是充当了忠实听众和释疑解惑的角色。其实在与儿子同龄人的接触中，我非常明显地感受到他们那种青春成长的迷惘和苦闷。由于各种各样的原因，他们不能与父母亲很好地交流。在他们觉得需要得到指点和帮助的地方，他们偏偏缺乏来自父母的关心和支持，因而很苦恼；而在他们觉得不需要告诫和教导的时候，他们偏偏收获了父母的唠叨和要求，因此非常厌烦。而在父母一方，他们觉得自己的孩子变了，变得不爱说话，也变得不听话。在这种双向不理解的前提下，所谓的与孩子共同成长简直就是一个美丽的不可能实现的痴心妄想。一代人有一代人的心事，一代人有一代人的天地。年年岁岁花相似，岁岁年年人不同。父母所经历的一切，既是孩子可能要经历的，又是孩子不可能要经历的。父母以为能理解儿女的心事，父母以为儿女不理解自己的心事。其实父母们从来没有反思一下：你们自以为对儿女的理解中，其实有许多不理解；而你们以为的儿女们的不理解中，其实又有许多理解。

我和儿子之间相互所写的电子邮件，其实拉近了我们之间的距离，我们不但是父子，也是好友。我很自豪自己能在儿子的生活中既担任父亲又担任好友的角色。儿子对父亲，无论如何带有"敬而远之"的成分；而朋友对朋友，则自然而然带有"亲而近之"的因素。当然，我不敢自信，儿子对我，到底是"敬而远之"多一些，还是"亲而近之"多一些。其实在子女成长的过程中，母亲是一个非常重要的角色。在儿子对我有些"敬而远之"时，妻子会在背后提醒我不要过于严厉；在儿子对我相对"亲而近之"时，妻子又会私下提醒我不要过于松懈。我和妻子之间也在不断摸索，甚至可以说不断"合谋"如何教育儿子。我的最大体会是，父母对儿女的态度，千万不要有公开对立，这样子女会无所适从，根本不知道该如何选择。我把与儿子的来往电邮整理出来，每隔一段时间就发送给妻子，让她知道我们最近交流的话题，她再有选择地与儿子沟通。

晚上我和儿子睡在他租住的房间里，熄灯后随意聊天。他谈到最近常做一个相同的梦，他说又梦见高考了。我想他这是随着考研日期的临近，自己感受到考研的压力了。看来我这次来西安，还是有必要的，我说考研跟高考不一样。儿子说的确不一样，考研是一个人的事，高考是一大群人的事。备战高考时你身边的每个同学都在拼命，三天一小考，五天一大考，考完了成绩还要排名，成绩下来了难过，因为老师批家长怪；成绩上去了更难过，因为要防止掉下来。我说没有一件有价值的事是不需要承受压力就可以做成的。你既然都经过了高考的魔鬼训练，也算是见过大阵仗的人了。我倒是很可惜我的人生中没有经历高考这一环。今天上午，儿子还挤出时间，陪我游览唐代王维游览过的香积寺。

　　我曾想过多年之后，我会出版与儿子的来往电邮。然而今年巴黎圣母院失火期间，我与儿子交流许多中国人对此的不同看法，儿子说他把我的相关电邮发给几个同学看，似乎对他的同龄人也有启发性。我这才想到，我们讨论的很多话题，虽然是非常私密的，其实也是具有相当公共性质的。谁的青春不迷惘呢？谁的成长不苦闷呢？儿子所遇到的成长中的迷惘和苦闷，其实是一代人的迷惘和苦闷。儿子高中时的校友考上了北京大学，今年暑假他父亲专门与我联系，希望我能开解小伙子的困惑。我的侄女和他的男友，为了考研和就业的抉择，也曾来向我咨询。我认识的两位博士生，戏说要聘请我做"人生导师"。而子女的迷惘和苦闷，也就是家长的焦虑和烦恼。我的好几个朋友和朋友的朋友，有的向我请教如何帮孩子填报高考志愿；有的就儿女读研专业和学校要我提供意见；有朋友的孩子要出国而自己不愿意，有朋友希望孩子出国而孩子不愿意，他们也会请我提供意见。其实我仅仅是个单纯的读书人，并不从事任何教育咨询培训；其实他们的问题，我也没有答案。但是我会与他们探讨，在探讨中由他们自己找到答案。大道多歧。在人生路途的歧路口，做父母的，做朋友的，能给子女或朋友一个参谋的机会，就算是尽到了自己的本分和责任。所以我在征求儿子的意见时，他也同意把我们的私密电邮公之于众，或许这些电邮能给他人以某种参考吧。

　　感谢疏利民兄的慧眼，愿意付出劳动把我和儿子的电邮变成铅字。感谢章玉政兄一边承担繁重工作，一边攻读博士学位，还挤出时间写序，使拙稿增色。感谢妻子承担了许多家务，让我有时间坐在电脑前敲打键盘。感谢上苍赐给我们一个儿子，让我们成为儿子成长路上的同伴。某种意义上，是我们陪儿子成长；另一种意义上，是儿子陪我们变老。

　　　　　　　　　　　　2019 年 11 月 12 日写于西安旅次

编后记

父子情深深几许？百封电邮吐芳馨 | 疏利民

刚做编辑时，脑子里有个想法，最好每编完一本书，都要写篇编后记，似乎只有这样才能对得起作者和读者。但万万没想到，18年过去了，编后记只写了3篇，有两篇是写给人体X形平衡法创始人周尔晋老先生的，还有一篇是写给散文大家许俊文先生的。是忙？是懒？还是？

说忙，编辑工作就算24小时连轴干，也是干不完的，这是一项精益求精的艺术；说懒，我承认，我不是那种十分勤奋的人，但对自己感兴趣的东西，还是乐此不疲的，譬如对古典诗词的爱好，兴趣愈来愈浓，似乎找到了一种手不释卷的温馨。认识沈喜阳，我还要感谢老大姐陆向军老师。有次参加编辑业务培训，她和安徽少年儿童出版社的何正国兄坐在一起，何兄送给她一本新著《左岸春风，右岸芦苇》，责任编辑就是沈喜阳。书做得很雅致，打开一读，便放不下。

这是一本诗文合集，"春风"寓意诗兴，"芦苇"代表哲思。书就放在我的案头，不时拿出来读上几段，越读越有味，于是就情不自禁地给正国兄打电话，他说有空几个兄弟聚一下。就是那次小聚，我第一次看到了沈喜阳。他话不多，很随和，显得很腼腆，但骨子里不时散发出一种诗人的激情。一个偶然的机会，我从正国兄博客里窜到喜阳"家"里去了，发现他写了一篇赋，是参赛作品，而且获了一等奖，从此以后，更对他刮目相看。

　　他不仅写文章，竟然还能写赋，在这个浮躁的当下，喜阳兄不得不让我心生敬意。心里暗想，有朝一日，我能给他当一次责编，那不是很幸福的一件事吗？嘿，机会真的就来了。一次闲聊中，我说我想策划一本《给身边 108 个朋友写封信》，108，对于我，也许是个吉祥数字，我总喜欢拿它说事。说者无意，听者有心，坐在一旁的喜阳说他正在与他儿子写了一批电邮，有三四年时间了，也没有整理，具体有多少封并未统计。听到这个消息我太兴奋了，这些年《傅雷家书》一直是畅销书，也是常销书，家书类图书是人们渴求的好书。我以为，做编辑不做几本好书枉为编辑。喜阳兄是个能写赋的人，文笔丝毫不用怀疑，我立马请他回去整理一下，发来学习学习。果不出所料，他们父子的电邮通信集是本好书稿，绝对的好书稿。我迫不及待地在朋友圈中转发了几篇，大家一致看好，选题还未上报，一批好友就盯着我要书。我特事特办，紧急向单位几位领导汇报，我也打印几份样章供领导审阅，反馈也相当不错，没等选题批下我就让照排先行动起来。我同时打印了两份，一份留给我自己审读，一份用特快专递给枞阳籍才子章玉政兄，请他帮忙作序。这些年，作序的工作没少麻烦他，在我的眼里，他是最适合作序的人。一则他是记者出身，出名的快手；二则他守信用，答应的事从不敷衍；其三，他异常勤奋，这点真的值得我学习。尽管他工作很忙，但他已养成写作的习惯，每篇序都写得有模有样，我打算合适的时机专门为他出一本序跋集。玉政兄年纪不大，个头不高，名气却不小，独著合著总计有 20 多种问世，他特别推崇国学大师刘文典先生。今年他又考取了安徽大学徽学与中国传统文化研究院的博士生，立足大学讲坛是他的人生追求；功夫不负苦心人，他的梦想终成现实，今后我们合作的项目只会越来越多。我把章兄写来的大序发给喜阳，他十分赞赏，也分外感激。

　　鲁迅先生和他的弟子许广平的《两地书》一直备受读者喜爱；我手捧喜阳、晏齐父子的书稿，瞬间就确定了书名，就叫《两地书，父子情》。同时我也征询了文坛几位朋友的意见，大家比较认可，特别是新安才子、国学推广人朱首彦先生，他认为定位非常恰当。待我审读完书稿，更加坚定了我的信心。这是我当编辑以来见到最为清爽的书稿之一，我激动地向同事宣告：初稿就是终稿。读着，读着，就有点舍不得读，就像小时候过年突然碰到丰盛的零食，抓一把放在口袋里，留着慢慢地享用。我每读几封就停下来，有时候激动地拿起手机就给喜阳兄打了过去，分享我阅读的快乐。我反复地告诉他父子俩，千万不要放下手中的笔，务必坚持下去，至少要为他们出三本。

　　这是第一本，整整 100 封信，我的寓意是百分之百的好，可以打 100 分。这 100 封信，时间上从晏齐上大学开始，到他大四即将考研为止，内容上异常广博，可以说真实记录了父子俩四年里心路历程。我做了一个简单的梳理，2016 年总计 8 封，2017 年 41 封，2018 年 39 封，2019 年 12 封。我给他们打 100 分，不是我的偏好，我说了不算，他们的作品会说话，而且说的都是真话，广大读者可以细心地去体会。

　　喜阳兄是 20 世纪 80 年代的中师生，绝对是那个时候的佼佼者，是我们仰慕的对象。我常常挂在嘴边的一句话是，那个时候考取的中师生都是现在考清华、北大的料。自强不息的喜阳兄站了 17 年小学、中学讲台，其间通过自考取得专科、本科学历。2004 年考取了华东师范大学全国统招的硕士研究生，毕业后到出版社当了 11 年的编辑。49 岁那年，他之前发表的一篇论文，被华东师范大学的博士生导师胡晓明先生看中，胡教授很赏识他的学术钻研精神。机会总是留给有准备的人，喜阳兄如今梦想成真，已是华东师范大学中国古代文学专业二年级博士生。他的公子沈晏齐高中就读安徽省示范高中合肥八中，2016 年考取了西安外国语大学。这个孩子聪明懂事，言行得体；但在没有看到书稿之前，我心里一直在打鼓，现在的大学生语言表达能力到底怎么样？俗话说得好，虎父无犬子，想不到晏齐的文字基本功非常扎实。四年里，父子俩你来我往，你一封，我一封，我一封，你一封，从来没有间断，坚持的力量太伟大了，碰到这样的作者我也太幸福了。我发自内心对自己说，倘若我能碰到 10 个这样的好作者，我愿意给广大读者发"奖金"。我是个喜欢交朋友的人，我衷心地希望广大的读友把你自己身边这样的好朋友介绍给我，为人类提供更多的精神食粮，同时，也衷心希望你们提出宝贵的意见，让我更好地为大家服务。谢谢，谢谢大家！

2020 年 4 月 3 日